ARBRES

AIGUILLES
DE PIN PARASOL

FEUILLE
DE L'ARBRE
AUX 40 ÉCUS

CHÊNE
PÉDONCULÉ

ARBRES

TEXTE
Theresa Greenaway

POMMES

GLANDS
DE CHÊNE BLANC

FEULLES
D'ÉRABLE
ROUGE

Libre Expression™

UN LIVRE DORLING KINDERSLEY

Pour l'édition originale:
Dorling Kindersley Limited
9 Henrietta Street, Covent Garden, London WC2E 8PS

© 1995 Dorling Kindersley Ltd., London

Pour la version française:
© 1995 Hachette Livre
(Hachette Pratiques, Vie Pratique)

© Éditions Libre Expression 1996
pour le Canada
Tous droits de traduction, d'adaptation
et de reproduction réservés pour tous pays
Dépôt légal: 3ᵉ trimestre 1996
ISBN 2-89111-682-8

Photogravure Colourscan, Singapour
Imprimé en Italie par L.E.G.O.

Sommaire

COMMENT UTILISER CE LIVRE

La première partie présente les caractéristiques générales des arbres ; la deuxième partie, la plus développée, étudie les arbres dans leurs différents habitats ; et si vous voulez "en savoir plus", le livre se termine par des pages pratiques. Un double page en couleurs annonce chaque chapitre et son contenu.

L'HABITAT
Les arbres sont classés par type d'habitat, faisant chacun l'objet d'un chapitre. Vous y trouverez développés des exemples des différentes espèces d'arbres que l'on y rencontre.

CODE COULEUR
À chaque type d'habitat correspond une couleur qui vous permettra de vous repérer facilement.

■ FORÊT BORÉALE PERSISTANTE

■ FORÊTS TEMPÉRÉES

■ FORÊTS TROPICALES

■ FORÊTS MIXTES PERSISTANTES

■ FORÊTS DE MONTAGNE

Code couleur

Le titre nomme le sujet de la page (ici : "La Californie"). Si le sujet se poursuit sur plusieurs pages, le titre apparaît en haut de chacune d'elles.

L'introduction constitue une vue d'ensemble du sujet traité. Après l'avoir lue, vous aurez une idée claire du contenu des pages.

Pour plus de clarté, un titre identifie les illustrations quand elles ne sont pas reliées au texte de façon évidente.

*En haut de la page
de gauche figure le titre
du chapitre, en haut
de la page de droite,
le sujet traité : cette page
sur la Californie se trouve
dans le chapitre "les forêts
mixtes persistantes".*

*Des petits encadrés
intitulés "le saviez-
vous ?", vous
rappellent d'un coup
d'œil les détails
remarquables
ou étonnants propres
au sujet traité.*

VUE D'ENSEMBLE
Lorsqu'on ne montre
qu'une partie d'un arbre,
la silhouette
de l'arbre
figure à côté
pour bien
indiquer
sa forme.

*Les légendes en italique
soulignent les détails auxquels
elles sont reliées par un filet.
Elles complètent le texte qui
commente chaque illustration.*

EN SAVOIR PLUS
À la fin du livre "les pages jaunes"
vous proposent des informations
pratiques, des chiffres et des tableaux.
Vous y trouverez aussi des conseils
pour planter votre propre arbre,
ou pour identifier les espèces.

INDEX
Les toutes dernières pages proposent
deux index : un index des noms latins
de chaque arbre, accompagné
de sa hauteur en mètres,
et un index des sujets traités.

CARACTÉRISTIQUES GÉNÉRALES

QU'EST-CE QU'UN ARBRE ?

L'arbre est une plante ligneuse qui pousse généralement au moins jusqu'à 5 m de hauteur. Composés d'un tronc unique surmonté d'une couronne de branches feuillues, les arbres peuvent vivre au moins cent ans. Un arbuste est un arbre plus petit et ramifié dès sa base.

LES PREMIERS ARBRES

De hautes plantes ligneuses, comme le Lépidodendron, ont couvert la surface de la Terre pendant plus de 359 millions d'années. Les lepidodendrons proliférèrent au Carbonifère. Ils dépassaient 30 m, mais ressemblaient plus à des fougères qu'aux arbres actuels.

LES DIFFÉRENTS GROUPES D'ARBRES

On distingue trois groupes : les feuillus, le plus souvent à feuillage caduc, les plus répandus ; les conifères, presque tous à feuillage persistant ; enfin les palmiers, au port caractéristique.

Branche

Feuilles

| FEUILLU | CONIFÈRE | PALMIER |

Couronne

DES ARBRES RÉSISTANTS
Dans les régions désertiques, seuls des arbres spécialement adaptés survivent au manque d'humidité. L'acacia, par exemple, perd ses feuilles pendant la saison sèche pour économiser l'eau.

CHÊNE
PÉDONCULÉ

UN "ARBRE" SANS FEUILLES
Avec ses 12 m, le saguaro est un cactus aussi haut que bien des arbres. Toutefois, il n'a pas de feuilles, et sa tige épaisse qui emmagasine l'eau remplace le tronc ligneux.

UN ARBRE TYPIQUE
Les arbres poussent partout où il y a assez de lumière, de chaleur et d'humidité. Mais, même si les conditions sont idéales et le sol assez riche, une espèce comme le chêne peut mettre des années à devenir adulte.

Tronc

Les feuillus

Ces arbres des régions tropicales et tempérées, à feuilles larges et plates généralement caduques, appartiennent au groupe des angiospermes "à graines cachées" et donnent des fleurs. Leurs graines grandissent à l'intérieur des fruits.

LE HOUX
Contrairement aux feuillus des régions tempérées, le houx ne perd pas ses feuilles en automne. Son feuillage persistant est vert foncé brillant.

LE CERISIER À GRAPPES
Les fleurs souvent colorées et parfumées des feuillus attirent les oiseaux et les insectes. Le cerisier à grappes a des petites fleurs blanches en épis.

LE TUPELO
Les feuillus ont souvent des feuilles peu résistantes aux vents violents, au gel et à la neige : c'est pourquoi elles meurent en automne.

Ces magnifiques couleurs automnales proviennent de modifications chimiques des feuilles.

FEUILLES DE HÊTRE
Comme celles des autres feuillus, elles ont un réseau de nervures reliées à une nervure principale qui transportent la sève et l'eau dans toute la feuille.

FRÊNE
COMMUN

LE FRÊNE COMMUN

Feuillu typique, le frêne présente un feuillage évasé supporté par un tronc robuste. Sous terre, l'enchevêtrement des racines ancre le frêne dans le sol. Chaque branche se divise en rameaux, eux-mêmes divisés en un grand nombre de ramules.

Branches et ramules lisses, gris-jaune

LE SAVIEZ-VOUS ?

• Le record de hauteur des feuillus est détenu par un frêne de montagne australien : 107 m.

• La plupart des feuillus vivent de 100 à 300 ans ; les chênes peuvent vivre jusqu'à 500 ans.

LES FRUITS DU FRÊNE

Chaque fruit du frêne ("samare") contient une graine. La graine est enfermée dans une enveloppe épaisse terminée par une aile.

Les conifères

Ils appartiennent à un groupe de plantes appelées gymnospermes, c'est-à-dire à "graines nues". La graine repose entre les écailles du cône (le fruit de l'arbre) femelle et n'est jamais complètement enfermée. Les conifères sont soit des arbres, soit des arbustes ligneux, la plupart à feuillage persistant – les feuilles restent sur l'arbre toute l'année.

LE SAPIN DE NORVÈGE
Souvent utilisé comme "sapin de Noël". Ses cônes sont brun clair.

LA SILHOUETTE DES CONIFÈRES
Comme chez le cyprès leurs branches poussent vers le haut, donnant à l'arbre la forme d'une flamme. Les jeunes pins ont souvent la forme d'un cône.

CYPRÈS

LE SAVIEZ-VOUS ?
• Les plus vieux arbres ont 5 000 ans : ce sont des pins aristés d'Arizona et du Nevada (États-Unis).

• Le plus grand conifère, un séquoia géant (*wellingtonia*) nommé Général Sherman, mesure 83 m de hauteur et pèse 5 500 t.

PIN DE MONTEREY

Le pin de Monterey adulte perd sa forme conique.

Chaque fruit charnu contient une seule graine.

Les branches touchent le sol quand un arbre a beaucoup de lumière et d'espace.

UN IF CHINOIS
Les graines de cet if sont enfermées dans une enveloppe charnue et ressemblent à des petites prunes.

Les graines sont côte à côte dans chaque écaille.

Écaille

CÔNE ET GRAINE DE SAPIN
Les graines du sapin se développent sur les écailles de chaque cône ligneux qui, une fois desséchées, s'ouvrent et libèrent les graines ailées.

LE SAPIN COMMUN
Les jeunes sapins ont les branches pointées vers le bas, leur donnant une forme de cône. Les arbres qui poussent serrés n'ont pas de branches basses et ont une couronne haute et étroite.

Les palmiers

Avec leur tronc haut et nu et leur énorme
couronne de feuilles, les palmiers sont faciles à
reconnaître. Ils poussent dans les régions tropicales,
chaudes et humides – Malaisie, Amérique centrale,
Bassin amazonien – mais également près
des montages subtropicales et dans la savane.
Les palmiers sont plus proches des graminées ou des
lis que des feuillus. Contrairement aux autres arbres,
le tronc du palmier grossit
très peu en grandissant.

*Tige simple,
fibreuse et sans
branches*

*Jeune
feuille
de cocotier*

PALMIER

LE COCOTIER
On le trouve le long
des côtes tropicales.
La feuille de cocotier
adulte ressemble à une
plume géante (jusqu'à 6 m
de long). Son fruit, la noix
de coco, a une chair blanche
délicieuse, le copra, utilisée
aussi pour fabriquer
du savon et des bougies.

DATTES

NOIX
DE COCO
GERMÉE

LE PALMIER-DATTIER
Il pousse plutôt dans les endroits chauds et secs,
au sous-sol riche en eau. On le cultive au Moyen-
Orient et en Afrique du Nord depuis des siècles.
Chaque feuille (pennée) en forme de plume
a deux rangées de folioles. Les fruits forment
des grappes regroupant jusqu'à 1 500 dattes.

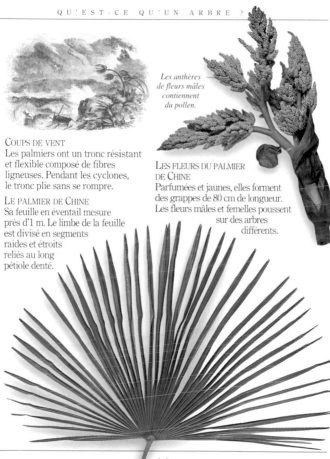

Les anthères de fleurs mâles contiennent du pollen.

COUPS DE VENT

Les palmiers ont un tronc résistant et flexible composé de fibres ligneuses. Pendant les cyclones, le tronc plie sans se rompre.

LE PALMIER DE CHINE

Sa feuille en éventail mesure près d'1 m. Le limbe de la feuille est divisé en segments raides et étroits reliés au long pétiole denté.

LES FLEURS DU PALMIER DE CHINE

Parfumées et jaunes, elles forment des grappes de 80 cm de longueur. Les fleurs mâles et femelles poussent sur des arbres différents.

ANATOMIE D'UN ARBRE

Un arbre se divise en plusieurs
parties. Sous terre, les racines
puisent l'eau et les minéraux qui
remontent dans le tronc, protégé
par une couche d'écorce, jusqu'aux
feuilles. Les branches portent les
feuilles, les fleurs et les fruits.

LE BONSAÏ
C'est un arbre
"miniaturisé"
par des tailles
et en enfermant
ses racines dans
un petit pot.

La couronne

Elle se compose des branches, des rameaux
et des feuilles. Le développement de l'arbre
et la disposition des branches, rameaux
et feuilles varient d'une espèce à l'autre.
On peut assez souvent identifier un
arbre par la forme de sa couronne.

DES ARBRES EXPOSÉS
Dans les endroits battus par les vents,
les feuilles et les rameaux les plus
exposés meurent et la couronne se met
à pencher dangereusement.

SAULE

DES ARBRES TAILLÉS EN TÊTARDS

Ce sont des arbres dont on a coupé le sommet et dont les repousses repartent d'assez haut pour que le bétail ou le gros gibier ne puissent pas les manger. On peut tailler ainsi les arbres des villes, pour éviter que les branches ne touchent les fils téléphoniques ou n'empêchent la lumière d'entrer dans les maisons.

LES CORBEAUX-FREUX

Le feuillage d'un arbre est idéal pour abriter de nombreuses espèces d'oiseaux. Les corbeaux-freux bâtissent leurs nids de brindilles les uns à côté des autres, au sommet des grands arbres.

UNE COURONNE FEUILLUE

Cet arbre a grandi avec beaucoup de lumière et d'espace : sa couronne est très développée. Dans une forêt touffue, la même espèce aura un tronc plus haut, une couronne plus étroite, pour permettre aux rameaux de trouver la lumière.

Les feuilles

Un feuillu a des feuilles fines
et plates, disposées sur l'arbre
de façon à recevoir le plus
de lumière possible. En effet,
c'est à partir de l'énergie solaire
que les feuilles vertes fabriquent
toute la nourriture dont l'arbre
a besoin pour vivre et grandir.
Une cuticule imperméable protège
la feuille. Les minuscules pores
de la face inférieure de la feuille
permettent les échanges gazeux.

ALTERNÉES   OPPOSÉES

DISPOSITION DES FEUILLES
Les feuilles peuvent être en face
l'une de l'autre ou alternées le long
de la tige. Les folioles des
feuilles composées sont
disposées de la même
manière.

RAMEAUX ET BOURGEONS D'HIVER
Une cicatrice en forme de croissant
sur un rameau d'hiver montre
l'endroit d'où la feuille est tombée.
De nouvelles pousses se forment
le long du rameau
pendant l'été,
mais restent inactives
jusqu'au printemps
suivant.

L'INTÉRIEUR
D'UN BOURGEON

RAMEAU
DE POIRIER

*Un seul
bourgeon
au bout de
chaque rameau*

Nervure principale

FEUILLES D'AUTOMNE
Les feuilles contiennent
un pigment vert, la chlorophylle,
qui leur donne leur couleur.
En automne, la chlorophylle
et les autres pigments
diminuent, entraînant
les changements
de couleur des feuilles.

*Les feuilles
du chêne blanc
d'Amérique
deviennent
pourpre
en automne.*

CHÊNE
BLANC

UNE FEUILLE CARACTÉRISTIQUE
Cette feuille se compose d'une partie
large et aplatie, le limbe, portée par
une tige, le pétiole. Le limbe est
parcouru d'un réseau de nervures
qui diffusent l'eau, les minéraux
et le sucre dans toute la feuille.

PLATANE
D'ORIENT

*Couleur jaune
produite par les
pigments.*

VARIATIONS POUR
UNE FEUILLE

Les feuilles simples sont en
une seule partie, le limbe.

Les feuilles composées sont
divisées en plusieurs folioles.

Une feuille, ou une foliole,
lobée est divisée
en segments qui peuvent
être arrondis.

Le bord d'une feuille,
ou d'une foliole, peut être
denté ou lisse.

ÉRABLE
PLANE

Le feuillage des conifères

Presque tous les conifères ont un feuillage persistant. Leurs feuilles étroites et épaisses supportent les hivers rigoureux et restent sur l'arbre pendant au moins deux ans. Ces feuilles sont de formes variées : les pins, les mélèzes et les cèdres ont des aiguilles ; les sapins, les ifs et certains séquoias ont des aiguilles aplaties ; les cyprès ont des écailles.

ARBRE AUX 40 ÉCUS (*Gingko biloba*)

DÉTAIL D'UNE AIGUILLE DE PIN

Jeunes aiguilles

SAPIN DE NORVÈGE

LA FEUILLE DU CONIFÈRE

Elle se reconnaît à son limbe étroit, sombre et cireux, traversé par une unique nervure. Comme le tronc et les racines, les feuilles de conifères produisent de la résine qui s'écoule par des tubes dits résinifères. La résine empêche les insectes d'attaquer l'arbre.

JEUNES POUSSES

Chez les conifères, les bourgeons s'ouvrent à la fin du printemps ou au début de l'été. L'épicéa commun a des jeunes pousses vert pâle, très différents des vieilles feuilles, beaucoup plus sombres.

Vieilles aiguilles

DES FORMES VARIÉES

Les feuilles étroites sont lisses et lustrées, d'une texture épaisse. Les écailles sont très petites et groupées. Les aiguilles sont très étroites, souvent rigides et pointues.

DISPOSITION DES FEUILLES

Fines ou aplaties, elles sont disposées en spirales, groupées en verticilles, ou alignées. Celles des pins sont groupées par deux, par trois ou par cinq. Les écailles de ce cyprès doré sont par paires opposées et très denses.

AIGUILLES APLATIES

AIGUILLES FINES   ÉCAILLES

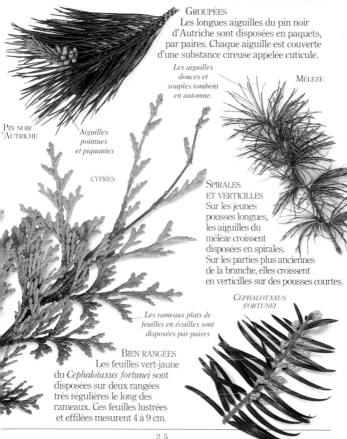

GROUPÉES
Les longues aiguilles du pin noir
d'Autriche sont disposées en paquets,
par paires. Chaque aiguille est couverte
d'une substance cireuse appelée cuticule.

*Les aiguilles
douces et
souples tombent
en automne.*

MÉLÈZE

PIN NOIR
D'AUTRICHE

*Aiguilles
pointues
et piquantes*

CYPRÈS

SPIRALES
ET VERTICILLES
Sur les jeunes
pousses longues,
les aiguilles du
mélèze croissent
disposées en spirales.
Sur les parties plus anciennes
de la branche, elles croissent
en verticilles sur des pousses courtes.

*CEPHALOTAXUS
FORTUNEI*

*Les rameaux plats de
feuilles en écailles sont
disposées par paires*

BIEN RANGÉES
Les feuilles vert-jaune
du *Cephalotaxus fortunei* sont
disposées sur deux rangées
très régulières le long des
rameaux. Ces feuilles lustrées
et effilées mesurent 4 à 9 cm.

Le tronc

Le tronc est la partie ligneuse et cylindrique d'un arbre. Il doit être assez fort pour supporter le poids des branches, des feuilles et des fruits, et assez souple pour que l'arbre plie sous le vent sans se casser. Le tronc distribue l'eau, les sucres et les substances nutritives à toutes les parties de l'arbre. Les cellules du bois ont d'épaisses parois de cellulose qui donnent au tronc et aux branches leur souplesse. Ces cellules contiennent aussi de la lignine, qui apporte au bois sa rigidité.

LES HABITANTS DU TRONC
Sur les arbres des régions tempérées, comme ce chêne, on voit souvent de la mousse au pied du tronc et du lierre grimpant jusqu'à la couronne. La présence de champignons parasites en révèle d'autres, décomposés au cœur du tronc. Les pics percent des trous dans l'écorce pour trouver des larves d'insectes.

LUCANE MÂLE

Polypores (ou Amadouviers)

Lierre

LE CERF-VOLANT
Les larves du lucane creusent des galeries dans des souches d'arbres morts ou dans des racines pourries pendant trois ans avant de devenir nymphe.

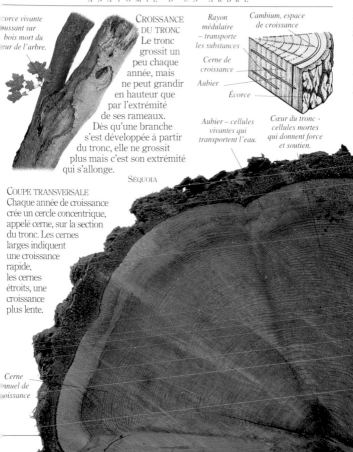

Écorce vivante
poussant sur le
bois mort du
cœur de l'arbre.

CROISSANCE DU TRONC
Le tronc grossit un peu chaque année, mais ne peut grandir en hauteur que par l'extrémité de ses rameaux. Dès qu'une branche s'est développée à partir du tronc, elle ne grossit plus mais c'est son extrémité qui s'allonge.

SÉQUOIA

Rayon médullaire – transporte les substances

Cambium, espace de croissance

Cerne de croissance

Aubier

Écorce

Aubier – cellules vivantes qui transportent l'eau.

Cœur du tronc - cellules mortes qui donnent force et soutien.

COUPE TRANSVERSALE
Chaque année de croissance crée un cercle concentrique, appelé cerne, sur la section du tronc. Les cernes larges indiquent une croissance rapide, les cernes étroits, une croissance plus lente.

Cerne annuel de croissance

L'écorce

L'écorce est une couche protectrice imperméable qui recouvre l'ensemble de l'arbre. Lisse et fine quand elle est jeune elle peut devenir épaisse et de la consistance du liège quand l'arbre vieillit. Elle contient des substances telles que la résine, qui éloignent les insectes. L'écorce vieillie protège aussi le tronc de la transpiration et agit comme un isolant.

ARBRE ADULTE

JEUNE ARBRE

DESTRUCTEUR D'ÉCORCE
Le scolyte creuse l'écorce pour y pondre ses œufs. Les larves forment des tunnels sous l'écorce, en la mangeant au fur et à mesure.

SCOLYTE

CROISSANCE DE L'ÉCORCE
L'écorce doit se régénérer pour suivre la croissance du tronc et remplacer la vieille écorce abîmée. Une épaisseur d'écorce appelée cambium forme chaque année une nouvelle couche qui repousse celle de l'année précédente vers l'extérieur. C'est la vieille écorce que l'on voit sur le tronc.

Fissures et crevasses profondes

TYPES D'ÉCORCE

Écorce lisse et fine : sur les jeunes arbres elle est mouchetée de pores, les lenticelles.

Plaques : en vieillissant, l'écorce s'est craquelée en plaques irégulières.

Écorce épaisse : la couche externe se fissure quand le tronc épaissit.

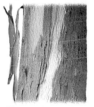

L'écorce pèle verticalement : elle dévoile la couche interne plus récente.

L'écorce pèle horizontalement : elle se déroule en larges bandes.

L'écorce se détache en copeaux et donne au tronc un aspect rugueux.

ÉCORCES ADAPTÉES AU CLIMAT

Les arbres des forêts humides tropicales ont une écorce fine. Dans les régions tempérées, l'écorce est plus épaisse pour protéger les arbres des écarts importants de température. Le frêne (à gauche) a l'écorce épaisse caractéristique des régions tempérées.

L'ambre est une résine qui s'écoulait de l'écorce de conifères il y a des millions d'années.

L'ambre est utilisée en bijouterie.

AMBRE
FOSSILISÉE

Les racines

Elles ont un double rôle. Elles ancrent l'arbre fermement dans le sol, et absorbent l'eau et dissolvent les sels minéraux qui proviennent du sol. Le plus souvent elles poussent latéralement plutôt qu'en profondeur et peuvent atteindre sous terre des distances égales à la hauteur de l'arbre.

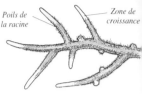

Poils de la racine
Zone de croissance

LES POILS DE LA RACINE
Excroissances des cellules situées à l'extrémité de la racine, ils meurent à l'automne, remplacés par de nouveaux au printemps suivant.

LE CYPRÈS CHAUVE
Peu d'arbres survivent dans les terrains détrempés en permanence et trop pauvres en oxygène. Cependant, la mangrove et le cyprès chauve ont des racines respiratoires appelées pneumatophores qui poussent vers l'extérieur et dépassent du sol. L'oxygène qu'elles absorbent passe dans le système racinaire.

UNE RACINE CARACTÉRISTIQUE
Les racines s'allongent par leur extrémité. Elles se divisent en formant des radicelles qui s'étalent dans le sol, capable de s'insinuer dans les fissures des rochers. En vieillissant, elles deviennent ligneuses et épaisses.

RACINES ET CHAMPIGNONS
De nombreuses espèces de champignons se développent dans les racines du bouleau et du pin. L'amanite tue-mouches pousse au milieu des racines de bouleau, constituant pour l'arbre un bénéfique apport nutritif.

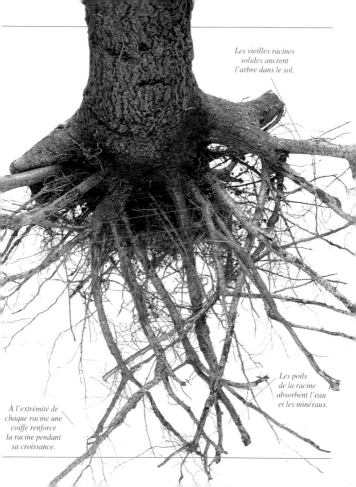

Les vieilles racines solides ancrent l'arbre dans le sol.

Les poils de la racine absorbent l'eau et les minéraux.

À l'extrémité de chaque racine une coiffe renforce la racine pendant sa croissance.

Les fleurs

La principale fonction des fleurs est d'assurer la pollinisation qui formera les graines pour la reproduction. Les fleurs contiennent les organes reproducteurs mâles (étamines) et femelles (carpelles). Des pétales souvent parfumés attirent les pollinisateurs. Les sépales, les pétales, les étamines et les carpelles, protègent le bouton de la fleur.

LE CORNOUILLER À FLEURS
Ces larges "pétales" roses sont en fait des feuilles appelées bractées. Les véritables pétales sont petits et verts et forment des glomérules nichées au cœur des bractées.

Les jeunes feuilles apparaissent quand l'arbre fleurit.

De minuscules fleurs poussent en groupes de 2 à 8.

CERCIS CANADENSIS
Chacune de ses fleurs a cinq pétales de formes différentes. Le pétale inférieur, appelé carène, est la piste d'atterissage pour l'insecte. Les pétales latéraux, ou ailes, et le pétale supérieur guident l'insecte à l'intérieur de la fleur, là où se trouve le nectar.

CERCIS CANADENSIS

AESCULUS CALIFORNICA
Ses groupes de fleurs, ou inflorescences, peuvent avoir 20 cm de long. Chaque fleur a quatre pétales et de longues étamines saillantes.

LES CHATONS
Les fleurs mâles forment des chatons qui pendent des rameaux. Les fleurs femelles se développent en chatons dressés et séparés.

Les fleurs mâles et femelles poussent sur le même arbre.

MAGNOLIA DAWSONIANA

LE MAGNOLIA
Dans cette fleur, les étamines et les carpelles sont disposés en spirale autour d'un axe central.

Sépales et pétales ne sont pas distincts : on les appelle les tépales.

ÉTAMINES ET CARPELLES
L'étamine, formée d'une tige mince (filet) et d'un renflement (anthère) et le carpelle (ovaire, stigmate et style) peuvent se trouver sur la même fleur ou sur des fleurs séparées.

POMMIER EN FLEURS

Fruits et graines

Après avoir été pollinisée, la fleur perd ses pétales et laisse place au fruit, qui contient les graines. Quand le fruit est mûr, les graines, organes reproducteurs de l'arbre, se dispersent. Si les fruits sont sucrés et juteux, les graines pourront être disséminées par des animaux. Si le fruit est sec et peu sucré, le vent s'en chargera plus certainement. Chaque graine contient un embryon qui deviendra un arbre. Elle porte une ou deux fausses feuilles, les cotylédons, qui stockent la nourriture nécessaire à sa croissance.

GOUSSES DE TAMARINIER
Elles renferment jusqu'à 10 graines entourées d'une pulpe collante.

LE CITRON : FRUIT ET GRAINES

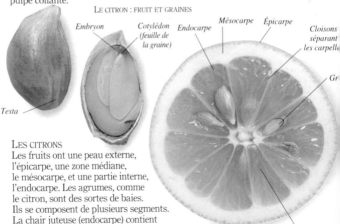

Embryon

Cotylédon
(feuille de la graine)

Endocarpe

Mésocarpe

Épicarpe

Cloisons séparant les carpelle

Gr

Testa

Carpelle

LES CITRONS
Les fruits ont une peau externe, l'épicarpe, une zone médiane, le mésocarpe, et une partie interne, l'endocarpe. Les agrumes, comme le citron, sont des sortes de baies. Ils se composent de plusieurs segments. La chair juteuse (endocarpe) contient les graines, entourées d'une enveloppe ligneuse (testa).

LES POMMES

Ces pommes cultivées sont beaucoup plus grosses et plus sucrées que les pommes sauvages. Ce sont des "faux" fruits. La couche épaisse de chair sucrée que l'on mange est en fait l'extrémité renflée du pédoncule de la fleur appelée réceptacle. Le "vrai" fruit est le cœur de la pomme qui contient les pépins à enveloppe dure, les graines.

Partie charnue et sucrée

LA "WORCESTER PEARMAIN"

LA GRAINE DE L'ÉRABLE SYCOMORE

C'est un petit fruit ailé divisé en deux parties, contenant chacune une graine protégée par une paroi dure.

LA CHÂTAIGNE

C'est un fruit à écale d'un brun brillant. L'enveloppe dure, appelée péricarpe, protège la graine qui est à l'intérieur. Une bogue piquante renferme le fruit ; elle se fend quand le fruit est mûr.

Pédicelle (petit pédoncule)

Restes du sépale

Graine

Restes du stigmate et du style

Testa

Péricarpe (paroi du fruit, en forme d'aile)

Les cônes

Ils sont constitués d'écailles se chevauchant en spirale autour d'un axe central. Les cônes mâles produisent du pollen. Le vent l'emporte vers les cônes femelles. Après dispersion du pollen, le cône mâle tombe. Les graines se développent dans le cône femelle qui peut rester sur l'arbre trois ans ou plus.

Écailles serrées

Cône se désintégrant

Graine attachée à l'écaille

LES CÔNES DU CÈDRE
Les cônes du cèdre sont lisses et ovoïdes. Lorsqu'ils sont mûrs, ils se désintègrent peu à peu.

THUYA GÉANT

LES JEUNES CÔNES
Ces grappes de cônes de thuya géant sont jaune-vert. À maturité, les écailles durcies deviennent brunes, et mesurent un peu plus d'un centimètre.

Bandes brillante sous les feuilles

JEUNES CÔNES MÂLE ET FEMELLE
Le cône mâle produit le pollen dans des sacs situés sous chaque écaille. Le cône femelle contient les cellules femelles, les ovules, situées sur les écailles.

L'écaille du cône femelle porte l'ovule puis la graine.

CÔNE MÂLE CÔNE FEMELLE

CÔNE DU SAPIN
DE DOUGLAS

**CÔNES
PENDANTS**
Les jeunes
cônes du sapin de
Douglas pendent
des branches. Ils
sont généralement
verts avec des
bractées à trois
pointes entre
les écailles.

Bractées

*Cône
fermé*

*Minuscule
bractée*

Écaille

ABIES
FORRESTII

CÔNE OUVERT
DU PIN
À SUCRE

LE SAPIN
Tous les vrais
sapins ont des cônes dressés
comme des bougies. Les cônes
des sapinettes (*picea*) et des pins
tombent sur le sol. Ceux des
sapins se désintègrent sur l'arbre.

CÔNES OUVERTS
Les cônes ne s'ouvrent que
lorsqu'il fait chaud et sec :
les graines ailées peuvent
alors se disséminer.
Le pin à sucre produit
des cônes cylindriques
de 40 cm de long.

LA CROISSANCE DES ARBRES

Les arbres captent l'énergie solaire pour fabriquer des sucres. Ces sucres sont la matière première nécessaire à la fabrication des racines, du tronc, des feuilles, des fleurs et des fruits. Ils fournissent à l'arbre l'énergie nécessaire à sa croissance et à la production de graines.

Croissance et nutrition

Les minéraux, nécessaires à la croissance de l'arbre, aident à la fabrication des parois cellulaires, des protéines et de la chlorophylle, pigment de la photosynthèse. Dissouts dans l'eau du sol, ils sont absorbés par les poils des racines.

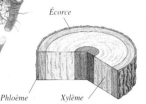

L'enchevêtrement des racines ancrent l'arbre dans la terre.

Le tronc ligneux grossit un peu chaque année.

Écorce

XYLÈME ET PHLOÈME
Les cellules ligneuses mortes (xylème) transportent l'eau et les minéraux des racines à la cime. Une couche de cellules vivantes (phloème), au-dessous de l'écorce, transporte les sucres des feuilles au reste de l'arbre.

Phloème *Xylème*

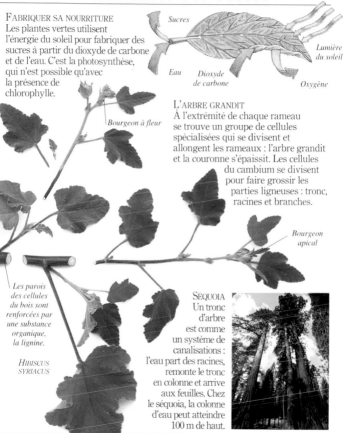

FABRIQUER SA NOURRITURE
Les plantes vertes utilisent l'énergie du soleil pour fabriquer des sucres à partir du dioxyde de carbone et de l'eau. C'est la photosynthèse, qui n'est possible qu'avec la présence de chlorophylle.

Sucres

Lumière du soleil

Eau *Dioxyde de carbone*

Oxygène

Bourgeon à fleur

L'ARBRE GRANDIT
À l'extrémité de chaque rameau se trouve un groupe de cellules spécialisées qui se divisent et allongent les rameaux : l'arbre grandit et la couronne s'épaissit. Les cellules du cambium se divisent pour faire grossir les parties ligneuses : tronc, racines et branches.

Bourgeon apical

Les parois des cellules du bois sont renforcées par une substance organique, la lignine.

HIBISCUS SYRIACUS

SÉQUOIA
Un tronc d'arbre est comme un système de canalisations : l'eau part des racines, remonte le tronc en colonne et arrive aux feuilles. Chez le séquoia, la colonne d'eau peut atteindre 100 m de haut.

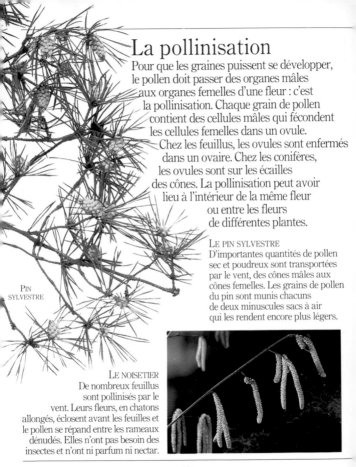

La pollinisation

Pour que les graines puissent se développer,
le pollen doit passer des organes mâles
aux organes femelles d'une fleur : c'est
la pollinisation. Chaque grain de pollen
contient des cellules mâles qui fécondent
les cellules femelles dans un ovule.
Chez les feuillus, les ovules sont enfermés
dans un ovaire. Chez les conifères,
les ovules sont sur les écailles
des cônes. La pollinisation peut avoir
lieu à l'intérieur de la même fleur
ou entre les fleurs
de différentes plantes.

PIN
SYLVESTRE

LE PIN SYLVESTRE
D'importantes quantités de pollen
sec et poudreux sont transportées
par le vent, des cônes mâles aux
cônes femelles. Les grains de pollen
du pin sont munis chacuns
de deux minuscules sacs à air
qui les rendent encore plus légers.

LE NOISETIER
De nombreux feuillus
sont pollinisés par le
vent. Leurs fleurs, en chatons
allongés, éclosent avant les feuilles et
le pollen se répand entre les rameaux
dénudés. Elles n'ont pas besoin des
insectes et n'ont ni parfum ni nectar.

LE TULIPIER DE VIRGINIE
Le pollen colle aux pattes des insectes de passage, attirés par les pétales vert-jaune de ses fleurs.

Sépales

Pétale

Pièce centrale des carpelles femelles

LE COLIBRI
Grâce à son long bec fin, le colibri, ou oiseau-mouche, peut boire le nectar au fond des fleurs les plus étroites. Le pollen se colle alors aux plumes de sa tête et passe ainsi aux fleurs voisines que le colibri va visiter.

L'abeille fait glisser le pollen qu'elle a sur le corps dans des paniers situés sur ses pattes postérieures.

LES ABEILLES TRAVAILLEUSES
Les abeilles jouent un rôle essentiel dans la pollinisation : elles volent de fleur en fleur, boivent le nectar et répandent le pollen. Elles rapportent aussi pollen et nectar à la ruche ; le nectar est transformé en miel et emmagasiné pour nourrir les membres de la ruche.

Les grandes fleurs odorantes attirent les insectes

POMMIER SAUVAGE ODORANT

La dissémination

Les graines ont besoin de lumière,
d'eau et d'espace pour grandir.
Les animaux, les oiseaux et le vent
se chargent de les disperser. Les
graines légères portées par le vent
ont parfois des minuscules voiles.
Les graines répandues par les
animaux viennent souvent de fruits
savoureux ou bien de fruits épineux
qui s'accrochent à leur fourrure.

FIGUE

À LA VOLÉE
Les oiseaux
et les singes
mangent
les figues. Les graines transitent
dans leurs corps, et sont rejetées
intactes avec les déjections, ce qui
contribue
à leur
dispersion.

**ÉCUREUILS
GRIS**

DES RÉSERVES CACHÉES
Graines et fruits secs,
le gland par exemple,
font le régal des
oiseaux et des petits
mammifères. Souvent
l'écureuil enterre
ses provisions puis
les oublie ;
les graines
survivent
et germent
au printemps.

DISSÉMINÉES PAR L'EAU
Les graines de noix
de coco sont protégées
par une coque ligneuse
et une paroi fibreuse.
Les noix flottent et sont
parfois rejetées sur des
rivages de sable chaud
où il arrive qu'elles
germent.

*Les écureuils
cherchent
des noisettes sur
le sol de la forêt.*

LE CYTISE
Certaines graines, comme celles du cytise, se développent dans des gousses pendantes. À mesure que la graine mûrit, la gousse se dessèche, puis se fend et libère les graines dures et sèches.

La gousse se fend et libère les graines.

L'AUBÉPINE
En automne et en hiver, les oiseaux se régalent des baies de l'aubépine. Ils gobent les fruits, digèrent la chair et évacuent les graines à paroi ligneuse.

Baies rouges et juteuses de l'aubépine.

La germination

On appelle germination le développement du germe contenu dans la graine. Les arbres peuvent produire des millions de graines dans une année. Mangées ou perdues, seules quelques-unes survivent aux premières années et très peu atteignent la maturité. Les graines ne germent pas pendant l'hiver, période d'inactivité appelée dormance. Cela évite que les pousses soient détruites par le gel.

FEUILLE
ET FAINE
DU HÊTRE

LE GLAND

Une graine qui germe se nourrit dans les réserves emmagasinés dans les petits lobes charnus, les cotylédons. On voit ici la germination souterraine : les cotylédons restent sous terre alors que la pousse croît en hauteur.

Tige

Cotylédons
sous terre

Racine

1 LA GERMINATION COMMENCE

La bogue de la faine du hêtre libère les graines. Les graines absorbent de l'eau et grossissent. L'embryon utilise la nourriture emmagasinée dans les cotylédons pour commencer sa croissance.

La bogue
se fend
en quatre.

Tégument

Graine à trois
faces attachée
à la bogue

Tige

Niveau
du sol

Radicelle

Racine
principale

2 L'EMBRYON SE DÉVELOPPE

La racine pousse, des radicelles apparaissent. La germination épigée (au-dessus du sol) commence : la tige soulève les cotylédons ; ils sont toujours en partie enfermés dans l'enveloppe de la graine.

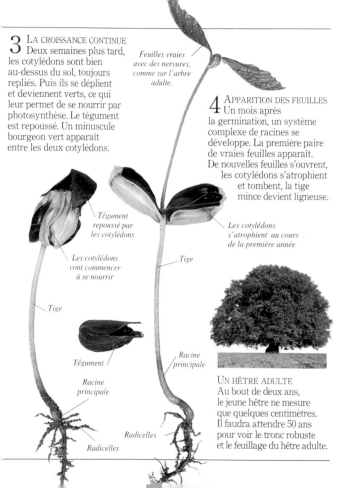

3 LA CROISSANCE CONTINUE
Deux semaines plus tard,
les cotylédons sont bien
au-dessus du sol, toujours
repliés. Puis ils se déplient
et deviennent verts, ce qui
leur permet de se nourrir par
photosynthèse. Le tégument
est repoussé. Un minuscule
bourgeon vert apparaît
entre les deux cotylédons.

*Feuilles vraies
avec des nervures,
comme sur l'arbre
adulte.*

4 APPARITION DES FEUILLES
Un mois après
la germination, un système
complexe de racines se
développe. La première paire
de vraies feuilles apparaît.
De nouvelles feuilles s'ouvrent,
les cotylédons s'atrophient
et tombent, la tige
mince devient ligneuse.

*Tégument
repoussé par
les cotylédons*

*Les cotylédons
vont commencer
à se nourrir*

*Les cotylédons
s'atrophient au cours
de la première année*

Tige

Tige

Tégument

*Racine
principale*

*Racine
principale*

Radicelles

Radicelles

UN HÊTRE ADULTE
Au bout de deux ans,
le jeune hêtre ne mesure
que quelques centimètres.
Il faudra attendre 50 ans
pour voir le tronc robuste
et le feuillage du hêtre adulte.

ARBRES DU MONDE ENTIER

Pour grandir, les arbres ont besoin de pluie et d'étés
assez chauds. Dans de bonnes conditions, ils poussent
nombreux, serrés les uns contre les autres dans
les forêts. Dans les zones trop sèches pour
permettre aux forêts de survivre,
quelques arbres pourront
se développer au bord
des rivières et des lacs.

LES FORÊTS TEMPÉRÉES
Elles se développent là où les étés sont
doux, les hivers froids et les chutes
de pluies modérées et régulières. Elles
sont constituées surtout de feuillus.

LES FORÊTS DE MONTAGNE
En altitude, le climat est
rigoureux et les forêts à flancs
de montagnes sont surtout
peuplées de conifères. Plus
haut, il fait trop froid pour
les arbres : c'est la limite
de la végétation arborescente.

AMÉRIQUE
DU NORD

AMÉRIQUE
DU SUD

LES FORÊTS BORÉALES PERSISTANTES

Ces forêts sont adaptées aux hivers longs et rigoureux et aux étés courts. En Arctique, trop froid pour que les arbres y poussent, les côtes sont pluvieuses, mais l'intérieur des terres est plus sec.

ARCTIQUE

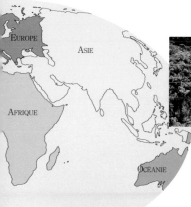

EUROPE

ASIE

AFRIQUE

OCÉANIE

ANTARCTIQUE

LES FORÊTS TROPICALES

Près de l'équateur, la chaleur permanente du climat permet l'existence des forêts tropicales. La plupart des arbres y sont des feuillus. Certains perdent leurs feuilles pendant la saison sèche.

CONIFÈRES ET FEUILLUS

Les forêts mixtes, conifères et feuillus persistants, se plaisent dans les régions aux hivers doux et humides et aux étés chauds et secs, ou bien dans les zones humides toute l'année, avec des hivers sans gel et des étés doux

LA FORÊT
BORÉALE
PERSISTANTE

L'HABITAT

Ces forêts de conifères traversent le Nord du continent américain, de l'Europe et de l'Asie. C'est la forêt boréale : Boréas était le dieu grec du vent du Nord. Dans ces régions aux hivers longs et rigoureux et aux étés brefs, les arbres ont une courte saison de croissance. Plus au Nord, la toundra est trop froide pour que des arbres y poussent.

SAPIN DE NORVÈGE

FORÊT DE CONIFÈRES
Les conifères survivent à des climats très rigoureux. Leurs feuilles persistantes assimilent la chlorophylle dès qu'il y a assez de lumière.

LE SAVIEZ-VOUS ?

• La forêt boréale couvre 5 millions km².

• La "taïga" est le nom russe de la forêt boréale

• Dans les zones les plus reculées de la forêt boréale, seuls poussent des mousses et des lichens sur le sol tourbeux et acide.

LE LOUP
Le loup se sent chez lui dans la solitude des forêts boréales. C'est un carnivore qui chasse de nombreux animaux dont le cerf.

UN TAPIS D'AIGUILLES
Les aiguilles,
comme celles du tsuga
de Californie,
jonchent le sol de la
forêt, se décomposent
lentement et forment
un sol acide
rappelant la tourbe.

DES
FOUINEURS
Les aiguilles de
conifères tombées
au sol grouillent
de coléoptères
qui chassent
les autres
insectes.

PIN
SYLVESTRE

TSUGA
DE CALIFORNIE

L'écorce
du haut
du tronc
est orange.

À L'OMBRE
Les cimes
des pins sylvestres
forment un toit plat
qui ne laisse pas
passer la lumière.
Sur le sol acide,
sombre et lugubre,
quelques plantes
herbacées et quelques
buissons poussent
entre les arbres.

LE GRAND NORD

Il présente une grande variété de forêts. La sapinette blanche pousse sur les sols secs, la noire préfère les sols humides et les mélèzes tolèrent les climats rigoureux du cercle polaire. Des feuillus poussent près des rivières et des lacs.

L'ARBRE DE VIE
Une légende scandinave raconte qu'Yggdrasil, un frêne sacré, relie la Terre au paradis et à l'enfer : c'est l'arbre de vie.

PAYSAGE SUÉDOIS
Le centre de la Suède est une région de lacs, de rivières et de montagnes. Forêts et plantations de conifères couvrent une grande partie de cette région.

Les arbres de montagne poussent dans des sols rocheux.

LE BOULEAU À PAPIER
C'est l'un des rares feuillus de la forêt boréale nord-américaine. Il pousse dans des sols sableux et humides. Son écorce lisse et blanche était utilisée par les indiens pour la fabrication des canoës.

Fines aiguilles

À l'automne, les feuilles deviennent jaunes et oranges

Cônes brun-rouge

LA SAPINETTE NOIRE
Conifère de la forêt boréale d'Amérique du Nord, elle pousse dans les sols marécageux. Des racines naissent à l'endroit où les branches les plus basses touchent le sol et où un nouvel arbre se développera.

Au bord des lacs, les arbres ont des racines supportant les sols détrempés.

BOIS ET PAPIER

Le bois est l'un des matériaux les plus utilisés – près de 3 000 millions de tonnes chaque année, pour des usages variés. On exploite toujours les forêts naturelles, mais le bois utilisé, particulièrement pour le papier, provient surtout de plantations.

ARTISAN
TOURNEUR

DU BOIS AU PAPIER
Dans les fabriques de papiers, on préfère le bois pâle de qualité médiocre. Le bois est broyé, réduit en pâte, étalé et séché.

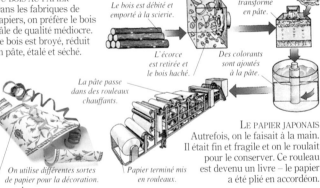

Le bois est débité et emporté à la scierie.

Il est transformé en pâte.

L'écorce est retirée et le bois haché.

Des colorants sont ajoutés à la pâte.

La pâte passe dans des rouleaux chauffants.

On utilise différentes sortes de papier pour la décoration.

Papier terminé mis en rouleaux.

LE PAPIER JAPONAIS
Autrefois, on le faisait à la main. Il était fin et fragile et on le roulait pour le conserver. Ce rouleau est devenu un livre – le papier a été plié en accordéon.

LE PLACAGE
Les bois à joli grain sont débités en lamelles que les menuisiers utilisent pour recouvrir des bois de qualité inférieure. Les bois durs sont découpés avec une scie circulaire. Pour obtenir des feuilles longues et fines, on fait tourner la pièce de bois contre une lame immobile.

SCIERIE
Autrefois, abattre et débiter un arbre était une tâche extrêmement pénible. Dans les scieries modernes (ci-dessus), ce sont les machines qui font toute une partie du travail.

LE SCIAGE EN QUARTIERS
Traditionnelle pour le bois de qualité, cette méthode donne des planches indéformables. C'est une méthode compliquée et coûteuse car elle produit beaucoup de chute.

Certaines parties sont utilisées pour faire des planches plus petites.

LE SAVIEZ-VOUS ?

• Deux tonnes de bois donnent une tonne de papier.

• En Occident, environ 120 kg de papier sont utilisés par an et par personne.

• Le papier fut inventé en 105 apr. J.-C. par, Tsai Lun, employé à la cour impériale chinoise.

LES FORÊTS DU PACIFIQUE

Les conifères majestueux qui bordent le Pacifique sont parmi les plus hauts et les plus beaux du continent nord-américain. Les forêts côtières sont constamment humides et brumeuses.

Les cônes brun pâle mesurent 8 cm.

L'ÉPICÉA DE SITKA

Cet arbre aux aiguilles pointues pousse dans les plaines côtières humides. Natif d'Amérique du Nord, il se plaît en plantation dans d'autres régions. Son bois pâle et tendre convient parfaitement à la fabrication du papier.

LE TSUGA DE CALIFORNIE

Il atteint 60 m de hauteur et pousse dans les forêts qui s'étendent de la côte jusqu'à la limite de la végétation arborescente, sur les flancs ouest des montagnes Rocheuses. Ses aiguilles n'ont pas toutes la même longueur et ses rameaux sont pendants.

FLOTTAGE DU BOIS

En Amérique du Nord et en Scandinavie, les rivières servaient pour le transport des arbres vers les scieries. Les rondins descendaient les rivières et restaient parfois coincés, défonçant les berges. Aujourd'hui, on transporte le bois surtout par camion.

L'oiseau sculpté protège la tribu.

LE THUYA GÉANT

Ses écailles, disposées en ramules aplaties, dégagent un parfum fruité lorsqu'on les écrase.

LES TOTEMS

Les indiens d'Amérique y symbolisaient la fidélité à une tribu. Les tribus du Nord-Ouest sculptaient leurs totems dans des thuyas géants.

Les totems représentent les ancêtres de la tribu.

Ramules aplaties d'écailles brillantes.

Les grappes de petits cônes contiennent des graines ailées.

LES FORÊTS TEMPÉRÉES

L'HABITAT

Les forêts tempérées d'Amérique du Nord, d'Europe et de l'Est de l'Asie sont principalement constituées de feuillus, qui perdent leurs feuilles en automne et restent dénudés tout l'hiver. Dans ces régions, les étés sont doux, mais les hivers apportent parfois la neige et le gel.

CHAT-HUANT
Les vieux arbres creux offrent au chat-huant des cachettes idéales pour nicher.

La voûte

Étage intermédiaire

Sol de la forêt

LES ÉTAGES
DE LA FORÊT TEMPÉRÉE
Ils sont au nombre de trois :
la voûte, très feuillue ; l'étage intermédiaire, avec ses arbustes, ses buissons et ses jeunes arbres et enfin le sol, couvert d'herbe, de fleurs, de fougères et de mousses.

L'ORME CHAMPÊTRE
De nombreuses variétés souffrent des attaques d'insectes ou de champignons. En Europe, un champignon microscopique a provoqué la mort de la plupart des ormes depuis 1970.

LE PETIT SYLVAIN
Le petit sylvain, papillon de jour, aime les bois de feuillus ombragés. Les adultes vivent au sommet des arbres. Les chenilles se nourrissent du chèvrefeuille qui grimpe le long des troncs.

Des modifications chimiques font virer les feuilles du vert au jaune et du rouge à l'orange.

FEUILLES CHANGEANTES
En automne, les feuilles caduques offrent une superbe palette de couleurs. Sur le sol, insectes, champignons, bactéries, microbes et vers de terre transforment les feuilles mortes en humus, qui améliore la texture du sol auquel il fournit des éléments nutritifs.

LE SAVIEZ-VOUS ?
• Les forêts tempérées offrent de nombreux habitats : troncs cassés, branches creuses, clairières, souches moussues, flaques d'eau, etc.

• Elles contiennent plus de 500 espèces de chênes.

• Elles couvrent 15% de la surface de la terre.

LITIÈRE DE FEUILLES

L'AMÉRIQUE DU NORD

Les forêts de feuillus y sont plus riches qu'en Europe. L'ère glaciaire repoussa la forêt des deux continents vers le Sud ; quand les glaces se retirèrent, la forêt regagna du terrain vers le Nord, et en Amérique, aucune montagne froide n'arrêta sa progression.

LE NOYER BLANC D'AMÉRIQUE
Cet hickory perd son écorce par lanières verticales.
On trouve de nombreux noyers et espèces voisines en Amérique du Nord.

Feuilles lobées

LES CASTORS
Ils rongent les troncs d'arbres et utilisent le bois pour construire des barrages sur les cours d'eau. Capable de ronger un jeune tronc de 8 cm de diamètre en 12 minutes, un seul castor peut abattre 300 arbres par an.

LE CHÊNE BLANC D'AMÉRIQUE
Ses feuilles lobées, profondément découpées sont caractéristiques. Très répandu dans les forêts d'Amérique du Nord il fournit un bois d'œuvre de bonne qualité, utilisé pour les meubles et les parquets.

RÉCOLTE DU SIROP
Les Indiens d'Amérique apprirent aux colons à faire du sucre et du sirop avec la sève de l'érable à sucre. La sève s'écoulant par des incisions dans l'écorce était bouillie pour donner un sirop épais.

Les Indiens Iroquois faisaient des masques avec le bois tendre de ce tilleul.

TILLEUL D'AMÉRIQUE

L'ÉRABLE ROUGE
À la fin du printemps, ses fruits ailés aux longues tiges tombent au sol par grappes. On obtient des teintures naturelles en traitant l'écorce avec des sels d'aluminium et de fer. L'érable rouge pousse dans les endroits marécageux.

Les feuilles ont de 3 à 5 lobes dentés.

Les feuilles deviennent rouges en automne.

LES ÉTATS DU SUD

Le Sud-Est des États-Unis est constitué en grande partie de marécages et de plaines côtières. Le climat y est très chaud, presque subtropical dans certaines régions. Parmi les multiples espèces qui s'y plaisent, certaines, comme le magnolia à grandes fleurs, n'existent que dans ce pays.

LA MOUSSE ESPAGNOLE
Ni mousse, ni espagnole, c'est une plante à fleurs qui pousse sur les arbres des zones tropicales et subtropicales d'Amérique.

Le dessous des feuilles est souvent couvert de poils de couleur rouille.

Dessus de la feuille vert brillant.

LE MAGNOLIA À GRANDES FLEURS
Poussant dans les sols riches et humides près des lacs et des rivières, il est apprécié dans les jardins pour ses larges feuilles d'un vert brillant et ses fleurs blanc-crème, très odorantes, qui atteignent 30 cm de diamètre.

LE ROBINIER FAUX-ACACIA
Cet arbre haut de 25 m a une
écorce profondément striée et des
paire d'épines à la base de chaque
feuille. La feuille se divise en 11
à 21 folioles ovales. Les Indiens
d'Amérique utilisaient son
bois dur pour fabriquer
des arcs, et ses feuilles pour
obtenir une teinture bleue.

*Les fleurs
blanches odorantes
forment des grappes
pendantes.*

*La feuille
composée mesure
jusqu'à 45 cm
de longeur.*

*Les folioles sont
légèrement
velues.*

PISTOLET EN NOYER

*Les graines ailées
de copalme
d'Amérique sont
appréciées
des oiseaux.*

LE NOYER NOIR
De plus en plus rare, cet arbre
magnifique pousse au Centre
et au Sud des États-Unis.
Son bois est recherché pour
les crosses d'armes à feu
et les meubles de qualité.

LE COPALME
D'AMÉRIQUE
Il produit
une résine
qui s'écoule
des entailles
de son écorce.
Il grandit dans les sols
humides des États du Sud.

L'EUROPE

D'épaisses forêts couvraient jadis la plus grande partie de l'Europe, des rives de la Méditerranée à la Scandinavie. Bon nombre de ces forêts ont été remplacées par l'agriculture et les habitations. Les régions boisées qui ont été épargnées abritent une flore et une faune diversifiée.

*Feuillage pourpre
à pétioles rouges*

LE BOULEAU VERRUQUEUX

Variété ornementale cultivée, rarement sauvage, ses feuilles, disposées sur des pétioles rouges, sont pourpres. L'écorce a également une teinte pourprée.

JACINTHES DES BOIS

Au printemps, avant l'apparition des feuilles, le sol de la forêt inondé de lumière permet aux jacinthes et autres fleurs des bois de sortir de terre. La nourriture produite par les feuilles est emmagasinée dans les bulbes souterrains.

RÉGIONS BOISÉES

Les forêts de feuillus produisent une énorme quantité de bois, de fleurs, de fruits et de graines, constituant une réserve importante pour nombre d'animaux. Les arbres maintiennent aussi l'équilibre entre le dioxyde de carbone et l'oxygène de l'air.

*Les rois
et les empereurs
grecs et romains
portaient
des couronnes
de feuilles de chêne.*

*En été, de nombreux
nids d'oiseaux sont
cachés dans
les feuillages ;
ils ne sont visibles
qu'en hiver.*

*Jusqu'au début du
siècle, on utilisait
le bois de chêne
pour construire
les bateaux.*

JEUNES
GLANDS

LE CHÊNE
En Europe, le chêne
pédonculé reste l'arbre
le plus répandu et le plus
connu pour sa longévité.
Jadis, les Druides
le vénéraient
et les Slaves
et les Teutons
le considéraient
comme sacré.

CHÊNE
PÉDONCULÉ

AU BORD DES RIVIÈRES

Les arbres reçoivent plus de lumière que dans les forêts, mais le sol est souvent détrempé et manque de substances nutritives. Les fruits et les graines sont assez légers pour être emportés par l'eau ou le vent. Leurs racines protègent les rives de l'érosion.

LE HÉRON GRIS
Ce grand oiseau, immobile au bord des rivières, attrape du poisson en plongeant son bec dans l'eau.

LE BOULEAU NOIR
Son écorce parcheminée rose orangée vire au brun roux en vieillissant. C'est la seule variété de bouleau que l'on trouve dans les plaines du Sud des États-Unis.

Fleurs en forme de trompette

Feuilles larges et plates

LE CATALPA COMMUN
Ses pyramides de fleurs blanches tachées de pourpre en font un arbre ornemental, cultivé loin des rivières de son Sud-Est américain natal.

Les feuilles sont parfois échancrées.

Les fruits verts deviennent bruns à maturité.

L'AULNE GLUTINEUX
Fréquent en Europe sur les sols détrempés bordant les rivières, ses racines l'ancrent solidement dans la terre. Ses fleurs (les chatons) femelles mûrissent dans de petits cônes ligneux s'ouvrant à l'automne et libèrant des fruits minuscules capables de flotter.

Le fruit est une petite capsule verte produite par les chatons femelles.

LES SAULES
L'écorce de ces arbres des bords de rivières, aux feuilles effilées et finement dentées et aux rameaux minces, contient de la salicine, analgésique utilisé pour calmer la douleur avant la fabrication de l'aspirine.

ALLIGATOR

LES RÉGIONS MARÉCAGEUSES

Les plaines côtières du Sud-
Est des États-Unis sont une succession
d'étendues marécageuses où peu d'espèces d'arbres
peuvent s'adapter. En revanche, les alligators
se plaisent dans l'eau douce des marécages où
ils restent souvent, immobiles, à guetter leur proie.

CHAMAECYPARIS THYOIDES
Ce faux cyprès pousse dans
les marécages côtiers. Son bois,
qui produit un son excellent,
est recherché pour
les tuyaux d'orgue.

*Petit cône
brun à six
écailles
pointues*

*Les feuilles deviennent
oranges
et rouges en automne.*

*Petites feuilles
pointues*

LE TUPELO
Deux variétés de
tupelo vivent dans
les marécages : *Nyssa
aquatica*, dont la base
du tronc pousse sous l'eau et
Nyssa sylvatica qui pousse
aux abords des marais
et dans les bois
très humides.

La feuille se ferme dès que l'insecte se pose.

LA DIONÉE GOBE-MOUCHES
Les nitrates constituent le principal aliment azoté des plantes, mais on en trouve peu dans les sols acides des marais. La dionée gobe-mouches compense ce manque en réduisant les insectes, en bouillie pour les absorber.

Les "genoux", ou pneumatophores (organes respiratoires des racines) dépassent de la surface de l'eau.

LE CYPRÈS CHAUVE
C'est un conifère à feuillage caduc. Le tronc élevé est beaucoup plus large à la base pour un meilleur ancrage dans la vase.

LES HAIES

Une haie est un ensemble d'arbres
et d'arbustes alignés qui ferme,
délimite ou protège un espace.
Les "arbres de plein vent" poussent
le long du côté extérieur de la haie.
Des buissons épineux, ronces,
églantine et bryone font de la haie
une barrière impénétrable. Au bord
poussent des fleurs sauvages et colorées.

L'ÉGLANTIER
ET SES GRAINES
ATTIRENT
LES OISEAUX EN HIVER

CHACUN CHEZ SOI
On plante des haies pour marquer
les limites entre les champs
et les fermes et pour clôturer
le bétail. Les haies bien entretenues
peuvent durer des centaines
d'années, bien qu'il soit difficile
de dater une haie ancienne
avec précision.

Tailler le sommet
empêche tout nouveau
rameau de pousser
à la base.

ENTRETIEN DES HAIES
On taille et on attache
les arbres d'une haie
pour encourager la
pousse des rameaux,
de la base à la cime.
Aujourd'hui, la
plupart des fermiers
utilisent des machines
pour tailler la cime
et les côtés.

LES HAIES ET LA FAUNE

Les haies fournissent des habitats parfaits à de nombreuses espèces d'animaux. Les petits oiseaux se nourrissent et nichent dans les branchages. Les campagnols, les souris et les belettes vivent sur les bords humides de la haie. Les insectes y viennent en été et en hiver. En fait, tout un monde animal est attiré par les graines et les baies offertes par la haie.

HOUX

Les buissons épais abritent les nids d'oiseaux.

L'aubépine convient aux haies parce qu'elle tolère une grande variété de sols.

AUBÉPINE

L'EUROPE CENTRALE

La forêt polonaise de Bialowieza est le vestige des vastes espaces boisés qui couvraient jadis la plus grande partie de l'Europe centrale. Presque toute la région a gardé ses forêts mixtes de conifères et de feuillus caducs. Mais l'agriculture et l'augmentation de la population en ont considérablement réduit le nombre.

Effets des pluies acides dans la Forêt Noire.

LES PLUIES ACIDES
Détruisant arbres, rivières, lacs et végétation, elles se forment lorsque des substances chimiques (oxyde de soufre et oxyde d'azote) se mélangent à l'eau de l'atmosphère.

LE SAPIN COMMUN
Ce conifère, très répandu en Allemagne, possède deux bandes blanchâtres ornant le dessous de ses feuilles qui produisent comme un éclair d'argent quand le vent souffle dans ses branches.

LE HÊTRE COMMUN
Il peuple les forêts d'Europe. Son bois d'œuvre sert à fabriquer des meubles et des ustensiles de cuisine. Le hêtre était l'un des arbres sacrés des Celtes.

Bord ondulé non denté

La tour centrale est la partie la plus ancienne du château.

SUR LE RHIN
Comme nombre de châteaux médiévaux, celui de Marksburg, en Allemagne, fut construit au sommet d'une colline rocheuse entourée d'un bois épais, protégé contre toute attaque.

LE PEUPLIER NOIR
Silhouette massive au bord des rivières, à l'écorce irrégulière grossièrement fissurée et aux branches lourdes courbées vers le sol. Ses chatons mâles et femelles poussent sur des arbres séparés.

LES BALKANS

Les longs étés chauds du Sud-Est de
l'Europe favorisent la culture de fruits tels
que les cerises et les prunes. Pour prévenir
le dessèchement qu'elles subissent
au moment le plus chaud de la journée,
les feuilles de certains arbres se replient sur
elles-mêmes. Les hivers sont rigoureux, avec
d'importantes chutes de neige,
surtout en
altitude.

PLATANE
D'ORIENT

*Les taches
jaunes de la fleur
deviennent
rouges.*

*Foliole sans
pétiole*

MARRONS D'INDE
La bogue épaisse
et épineuse des
fruits du marronnier
d'Inde ressemblent
aux masses d'armes du Moyen
Âge. À l'intérieur sont enfermées
une à trois graines brun luisant.

LE MARRONNIER D'INDE
Ses fleurs jaune crème
en grappes apparaissent
au début de l'été.
Ses feuilles palmées,
composées de larges
folioles dentées,
forment un feuillage
épais et étalé.

Feuille à lobes profonds

Écorce gris clair

LE CHÊNE DE HONGRIE
Répandu de l'Italie à la Hongrie, il a des feuilles caractéristiques, constituées d'une vingtaine de lobes chacune. Il pousse vite si les conditions sont favorables.

Jeunes feuilles blanches entièrement couvertes de duvet

Dessus de la feuille vert foncé

Les pousses robustes portent des feuilles.

Revers blanc duveteux

LE PEUPLIER BLANC
Même dans les régions chaudes et sèches, il pousse au bord des rivières. Les jeunes feuilles sont blanches et duveteuses, ce qui les empêche de se dessécher au soleil. À maturité, elles sont vert foncé au-dessus mais gardent leur duvet en dessous.

PEUPLIER BLANC

LE MOYEN-ORIENT

Dans ces zones désertiques ou
arides, seul le Nord est plus humide,
surtout dans les montagnes et
près de la mer Noire et de la mer
Caspienne. Jadis des forêts
recouvraient ces régions, ainsi
que le Liban et les vallées alors
fertiles de l'Iraq. Mais elles ont été
détruites par l'agriculture et
les seules qui restent sont situées
sur des pentes inaccessibles.

PTÉROCARYA DU CAUCASE
Il pousse au bord des
rivières, en sol humide.
Il a un tronc court et une
couronne largement étalée
de feuilles pennées.

*Les feuilles
se replient en
suivant la nervure*

BOÎTE
ROMAINE
EN IVOIRE

L'ARBRE DE JUDÉE
Cette boîte romaine en ivoire,
sculptée en l'an 420, représente
la crucifixion du Christ, avec Judas
Iscariote le traître pendu à un
arbre. Cet arbre de Judas, devenu
arbre de Judée, est de petite taille.
Ses feuilles sont en forme de cœur
et ses fleurs sont rose vif.

Branchages aplatis, très étalés

La base des feuilles, ovales et lisses, en forme de cœur.

LE NOISETIER DE BYZANCE
Hôte des forêts ombragées, ses fleurs mâles sont dans des chatons et les fleurs femelles sont presque cachées dans les bourgeons. Le fruit est enveloppé dans une cupule foliacée. Sa coque dure contient une seule graine : la noisette.

LE CÈDRE DU LIBAN
Cet arbre symbole du Liban poussait autrefois dans les forêts des montagnes libanaises. La qualité de son bois d'œuvre en faisait un arbre très recherché.

UN BATEAU ÉGYPTIEN
Vers l'an 3000 av. J.-C., les Égyptiens importaient des cèdres du Liban. Ils utilisaient le bois pour construire leurs bateaux et la résine pour embaumer les morts.

Branchages aplatis, très étalés

FRUITS CHARNUS ET FRUITS SECS

Les fruits que nous consommons aujourd'hui descendent de fruits sauvages plus petits et aigres, sélectionnés et améliorés au cours des siècles, pour donner les variétés sucrées que nous connaissons.

ORANGER

LES AGRUMES

Oranges et citrons sont originaires de Chine. Aujourd'hui, on les cultive dans de nombreux pays qui ne connaissent pas le gel. Les orangers sont de petits arbres aux feuilles luisantes. Ils produisent des fleurs blanches parfumées et des fruits juteux.

Les pistaches sont également appréciées grillées.

LES PISTACHES

Ce sont les graines d'un petit arbre à feuilles caduques, originaire du Moyen Orient, mais que l'on cultive dans d'autres régions chaudes. Les pistaches entrent dans la composition d'une confiserie orientale : le loukoum.

Noyau unique dur

LES FRUITS À NOYAU

La prune et la pêche sont des fruits "à noyau" : leur chair juteuse entoure un noyau dur. Les pêches sont originaires de Chine et les prunes viennent probablement de l'Ouest de l'Asie.

LE SAVIEZ-VOUS ?

• Les Égyptiens furent les premiers à cultiver des cerisiers, il y a environ 2 700 ans.

• Il existe au moins 6 000 variétés de pommes : 23 millions de tonnes sont produites chaque année.

• On produit plus de 30 millions de tonnes d'oranges chaque année, dont une bonne partie pour le jus.

LES POIRES

Ces fruits succulents viennent de l'Ouest de l'Asie et d'Europe. Le cœur de la poire, comme celui de la pomme, contient plusieurs petits pépins.

LES VERGERS

Jadis, on plantait de hauts arbres fruitiers en rangées espacées. Dans les vergers modernes, on fait pousser des variétés naines très rapprochées les unes des autres : ainsi les fruits sont plus près du sol et plus faciles à cueillir.

LA CHINE DU NORD

La plupart des régions y sont plates et arides, couvertes d'étendues de plantes capables de survivre à des périodes de sècheresse. À l'Est et à l'Ouest, on trouve des chaînes de montagnes aux flancs couverts de forêts de pins, de sapins et de sapinettes. Dans les vallées plus abritées poussent de robustes feuillus.

PIN DE CORÉE
Pinus koraensis
pousse dans les vallées, au bord des rivières.

L'écorce épaisse et liégeuse du phellodendron de l'amour est utilisé en médecine orientale

FRUITS DU PHELLODENDRON DE L'AMOUR

LE PHELLODENDRON DE L'AMOUR
Il pousse près des torrents de montagne. Ses feuilles sont pennées et composées de folioles brillantes. Comme ses fruits, elles ont un parfum agréable. En mûrissant, les fruits passent du vert au noir.

Le dessus des feuilles est vert foncé luisant.

Les écailles du cône sont crénelées.

Cône vert immature

ACUPUNCTURE
Depuis plus de 2 000 ans, les Chinois pratiquent l'acupuncture pour guérir les maladies et soulager la douleur. Ces aiguilles du XIXe siècle sont rangées dans une boîte en acajou.

UNE VARIÉTÉ DE SAPINETTE
Cette variété, *Picea jezoensis*, pousse sur les pentes et les hauts plateaux secs du Nord-Est de l'Asie et du Japon. Ses aiguilles plates pointent vers l'avant, et les cônes brun-roux mesurent environ 7,5 cm de longeur.

LES MONTS MIN SHAN
D'épaisses forêts de conifères couvrent les pentes de ces montagnes du Nord de la Chine. Les sapins et les sapinettes y sont très hauts et étroits parce que les arbres poussent très près les uns des autres. Dans les vallées abritées que l'on devine dans le lointain poussent de petits feuillus et des buissons.

LA CHINE CENTRALE

Lors la dernière période glaciaire, des forêts entières et de nombreuses espèces disparurent. Cependant, dans certaines régions reculées protégées par l'Himalaya, quelques espèces ont survécu. Ces conifères sont les seuls représentants vivants de groupes qui furent très répandus.

ESPRITS CHINOIS
L'histoire chinoise est riche en légendes. Elle attribue à chaque arbre un esprit qui, souvent, attaque les bûcherons.

Fruits ailés verts

LE PTÉROCARYA
Il pousse dans les régions humides. Ses fleurs sans pétales sont contenues dans des chatons pouvant atteindre 30 cm quand les fruits ailés se développent.

Folioles courtes et pointues

Les feuilles deviennent jaunes en automne.

DES FOSSILES VIVANTS
Ce conifère, *Metasequoia glyptostroboides*, était connu comme fossile jusqu'à ce qu'on en découvre trois vivants en 1941, en Chine.

Feuilles à dents nombreuses

La feuille ressemble à un éventail à deux lobes avec des nervures qui partent de la base.

Base arrondie

UN ARBRE UTILE

Le bois de cet arbre, *Zelkova serrata*, est utilisé en Chine et au Japon pour construire des bateaux et des meubles. Il pousse près des rivières dans les sols humides et profonds.

L'ARBRE AUX 40 ÉCUS

C'est le seul survivant d'une famille d'arbres très répandue il y a 150 à 200 millions d'années. On le trouve encore à l'état sauvage dans les monts Tian Mu, en compagnie de conifères, bien qu'il soit considéré comme plus primitif. Mais on le trouve surtout autour des temples où les Chinois le plantent depuis des siècles.

LA CHINE DU SUD

Son climat est presque subtropical, mais les hautes montagnes du Sud-Ouest sont plus fraîches. Là, on trouve une grande variété d'arbres couverts de fleurs magnifiques et de fruits délicieux. De larges surfaces de plaines ont été défrichées pour céder la place à la culture du riz, du soja et des lychees.

PYRUS CALLERYANA
Ce poirier sauvage produit de minuscules fruits bruns tachetés de blanc.

Les collines de calcaire sont facilement usées par l'érosion et peu d'arbres y poussent.

MAGNOLIA DELAVAYI
Arbre d'une dizaine de mètres, au feuillage
largement étalé, il pousse en terrains
découverts ou à la lisière des forêts.
Ses fleurs crème odorantes
s'ouvrent le soir pour attirer
les papillons de nuit
qui la pollinisent.

*Feuilles vert
foncé brillant*

UNE BOITE CHINOISE
Cette boîte laquée
du XVIIe siècle est ornée
d'un saule pleureur,
arbre souvent représenté
dans l'art chinois :
pour les
bouddhistes,
il est le
symbole de
l'humilité.

PAYSAGE ORDINAIRE
Dans la province du Guangxi, au bord
de la rivière Li, les feuillus robustes
côtoient les bambous.

LE JAPON

Pays d'îles et de montagnes,
les arbres qui y poussent reflètent
les contrastes de ses paysages et
de ses climats. Par exemple, au
Nord, Hokkaido est une île très froide,
mais au Sud, le climat est subtropical.

ÉRABLE
DU JAPON

Les feuillus japonais

Bouleaux, saules et aulnes robustes poussent dans les
régions les plus froides du Nord. Au Centre plus doux,
les feuillus à feuillage caduc sont florissants. Dans
les îles du Sud au climat subtropical, on trouve
des feuillus à feuillage persistant, parmi
lesquels de nombreuses variétés
de lauriers.

*CERCIDIPHYLLUM
JAPONICUM*
Le plus grand
des feuillus
japonais. Son
écorce cannelée se détache
en copeaux. Ses feuilles rondes et
dentées forment une couronne
étalée, jaune vif en automne.

LE CERF JAPONAIS
Il vit dans les forêts mixtes
de l'Est de l'Asie et du Japon,
dans les sous-bois touffus.
Il sort de sa cachette à l'aube
et au crépuscule pour se
nourrir. Ses petits
au pelage tacheté
restent cachés
jusqu'à ce qu'ils
soient capables
de se défendre
tout seuls.

*Jeunes feuilles
de couleur bronze*

LES GORGES DE SOUNKYO, À HOKKAIDO
Sur ces pentes escarpées poussent des
"bonsaï" naturels prisonniers de crevasses
étroites. Les jardiniers japonais tentent
de recréer ces paysages dans les parcs
et autour des temples.

*Les fleurs de
cette variété
ne donnent
pas de fruits.*

CERISIER
DU JAPON
Le Japon
est célèbre
pour ses cerisiers
à fleurs, qu'il cultive depuis
des siècles. Beaucoup de
ces variétés ornementales
produisent des fleurs doubles
aux pétales échancrés.

Conifères japonais

Le Japon présente une suite de paysages accidentés habillés de conifères robustes. En automne, leur feuillage sombre se mélange aux taches de couleurs des feuillus voisins. L'un des arbres les plus répandus au Japon est le cèdre du Japon, sauvage ou dans les plantations. Il est apprécié pour son bois d'œuvre et peut vivre plus de mille ans.

LA FORÊT DE SHINZU MAEDA
Les cèdres du Japon de cette forêt ont un fût sans branche très élevé, coiffé d'un feuillage étroit.

CRYPTOMERA JAPONICA
L'écorce de ce cèdre est épaisse et pèle en lambeaux verticaux. Les aiguilles, courtes et minces pointent vers l'avant. Les cônes ressemblent à des petites balles hérissées de pointes.

LE TEMPLE D'OR À KYOTO
Les jardins du temple, plantés de pins, incitent à la sérénité et à la méditation.

ABIES VEITCHII
La plus petite variété de
sapin japonais. Le dessous
des aiguilles porte deux bandes
argentées. Les bourgeons résineux
sont pourpre et les cônes dressés
deviennent également pourpre
à maturité.

PAYSAGE DE FORÊT TYPIQUE
Le Parc national Daisetsuran abrite
l'un des plus hauts sommets de l'île
d'Hokkaido. Des conifères poussent
en compagnie de feuillus
rustiques, au pied
de la montagne.

LES FORÊTS TROPICALES

L'HABITAT

La zone tropicale s'étend autour
de l'Équateur, du Tropique du Cancer
au nord, au Tropique du Capricorne
au sud. L'année y est partagée entre
une saison des pluies et une saison sèche.
Le climat est chaud et souvent humide.
Les régions les plus arrosées
sont couvertes de denses
forêts tropicales humides.

Étage dominant, 60 m

LA FORÊT TROPICALE
Les arbres dominent la forêt.
À l'étage moyen une couronne
de feuillages empêche
la lumière d'atteindre
le niveau du sol.
Dès qu'il y a
une clairière,
des plantes,
grimpantes ou rampantes
sortent de terre.

*Étage moyen,
25-40 m*

*Sol
de la forêt*

LE SAVIEZ-VOUS ?
• On trouve des forêts
humides tropicales
dans les régions qui ont
peu ou pas de saison
sèche et au moins 2 m
de pluie par an.

• On trouve des forêts
sèches à feuilles
caduques dans les
régions où la saison
sèche dure au moins
trois mois.

Tillandsia, *"La fille de l'air"*, *est une plante épiphyte dont les feuilles absorbent l'humidité.*

Anthurium salviniae *appartient à la famille des Aracées. Cette plante draine l'eau de pluie vers un tapis de racines.*

LES LIANES

Plantes grimpantes, certaines s'enroulent autour des troncs, d'autres ont des tiges qui s'entortillent les unes autour des autres.

LES PLANTES ÉPIPHYTES

C'est le nom des plantes qui poussent sur les arbres sans les parasiter. La forêt tropicale bénéficie de beaucoup de pluie, mais l'eau s'évapore vite. Aussi ces plantes ont-elles des feuilles épaisses et cireuses dont la pointe recourbée retient l'eau qui s'écoule jusqu'aux racines sans avoir le temps de s'évaporer. Certaines espèces ont des feuilles qui absorbent directement l'eau de l'air.

Ces feuilles d'orchidées sont épaisses et lustrées pour empêcher l'évaporation de l'eau.

L'AMÉRIQUE

L'Amérique Centrale
et l'Amérique du Sud
abritent les plus riches
forêts tropicales humides
du monde, en particulier
dans le Bassin amazonien.
Les forêts de plaine couvrent
la plus grande partie de la région,
transformées en mangrove
le long des côtes.

*Des fleurs très colorées
font des taches
de couleur dans les
feuillages de la forêt.*

LE KAPOKIER
Natif d'Amérique, ses graines
sont entourées de fibres
duveteuses qui jaillissent quand
le fruit se fend. Elles sont
dispersées par les vents qui
soufflent au-dessus des arbres.

LA VOÛTE
Feuillus et palmiers
forment la voûte des
forêts de cette région.
Cette couronne est verte
presque toute l'année
à l'exception
de courtes périodes
où les arbres perdent
leurs feuilles.

LE TOUCAN DE CUVIER
Ce toucan vit tout en haut des forêts
tropicales humides et niche dans
le creux des arbres. Il picore les fruits
mûrs et avale les petites baies entières
mais déchiquète les plus gros fruits.

LA FORÊT DE MONTAGNE
Sur les pentes des Andes,
la forêt de plaine laisse la
place à la forêt de montagne.
Les températures y sont plus
fraîches mais l'humidité demeure.
Les arbres sont moins hauts
et sont couverts de mousses,
de fougères, d'hépatiques et
de magnifiques orchidées.

*Carapa guianensis
a des feuilles
composées
avec des folioles
lustrées.*

CARAPA GUIANENSIS
Poussant en Amérique
Centrale et en Amérique
du Sud, dans les marécages
ou dans les parties de la forêt
souvent inondées, il
produit de grands fruits
liégeux capables de
flotter. Ses graines flottent
aussi, et celles que les oiseaux
n'ont pas mangées germent
rapidement.

PRODUITS TROPICAUX

Les arbres tropicaux fournissent un éventail de produits, du chocolat au caoutchouc. Les arbres sauvages sont parfois encore exploités, mais la plupart des récoltes proviennent d'arbres de plantations.

L'HUILE DE PALME
Obtenue à partie de la pulpe du fruit de cet arbre africain, elle sert à fabriquer de la margarine et des bougies.

LA PAPAYE
Avec ses fruits sucrés et juteux, le papayer est l'un des arbres fruitiers les plus cultivés sous les tropiques.

LA CANNELLE
On l'obtient à partir de l'écorce d'un jeune arbre, originaire d'Inde et du Sri Lanka : le cannelier. En séchant, l'écorce s'enroule en bâtonnets.

BÂTONNETS DE CANNELLE

La coque très dure protège les noix.

LES NOIX DU BRÉSIL
Nés d'arbres sauvages de la forêt amazonienne, les fruits tombent de l'arbre lorsqu'ils sont mûrs et sont ramassés au sol. À l'intérieur des fruits, on trouve 15 à 30 noix entourées d'une coque dure. Les noix du Brésil sont riches en huiles et en protéines.

LE CHOCOLAT

Les graines de cacao sont
grillées et transformées
en une pâte riche et grasse
dont on tire le chocolat, le
cacao et le beurre de cacao.

LES CABOSSES

Les graines de cacao proviennent
d'un arbre des jungles américaines :
le cacaoyer. Les cabosses mûres,
sont cueillies et vidées de leurs
graines qui sont transformées
en produits dérivés du cacao.

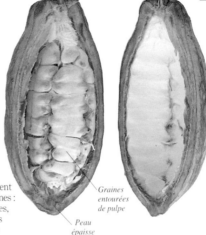

Graines entourées de pulpe

Peau épaisse de la cosse

LE CAFÉIER

Originaire d'Afrique,
chacun de ses fruits
contient deux graines.
Grillées, elles deviennent
les grains de café connus
dans le monde entier.

CAFÉIER

GRAINS DE CAFÉ

LE SAVIEZ-VOUS ?

• Plus d'1 200 000
tonnes de grains
de cacao sont produits
chaque année.

• Plus de 5 000 000
de tonnes de grains
de café sont produits
chaque année.

• Plus de 4 500 000
tonnes de pulpe
de noix de coco sont
produites chaque année.

L'AFRIQUE TROPICALE

On y trouve un mélange de forêt humide tropicale, de désert et de savane. Dans les forêts humides poussent différentes espèces de feuillus et de palmiers. Dans le désert et la brousse, les arbres sont rabougris et clairsemés. Dans la savane, ils ont de très longues racines pour capter l'eau en profondeur et survivre pendant l'interminable saison sèche.

CALAO
À CASQUE NOIR
Dans la forêt
humide tropicale,
ce grand calao
trouve
des fruits
toute l'année.

UN ACACIA RÉSISTANT
Seuls les arbres pouvant résister à la sécheresse, comme cet *Acacia drepanolobium*, peuvent survivre dans la savane. Pour y arriver, celui-ci emmagasine l'eau dans ses grandes épines.

UN CURIEUX ARBRE
Les épaisses branches vertes de cet *Euphorbia ingens* jouent le rôle de feuilles. C'est de cette manière qu'il conserve l'eau. Les branches externes poussent vers le haut et lui donnent la forme d'un candélabre.

Insectes et autres animaux viennent se nourrir sur les fleurs blanches et les fruits pulpeux à coque ligneuse.

Les creux de l'énorme tronc abritent les nids d'oiseaux comme l'effraie.

LE BAOBAB
Cet arbre surprenant peut emmagasiner 9 000 litres d'eau dans son tronc gonflé et survivre ainsi sous le climat chaud et sec de la savane. Certains baobabs vivent jusqu'à 3 000 ans. Ils attirent de nombreux oiseaux, des insectes et des chauves-souris.

L'ASIE TROPICALE

Les jungles tropicales de l'Asie
continentale, des Philippines
et du Sri Lanka, jadis couvertes
de diptérocarpes et de tecks, ont été
en grande partie déboisées pour
le bois d'œuvre et l'agriculture.
Au contraire, les forêts des plaines
et des montagnes de Bornéo
et de Nouvelle-Guinée,
inaccessibles, sont restées
intactes.

LE BANIAN
Vénéré et planté près des
temples bouddhistes, il est
l'arbre de la sagesse suprême sous
lequel Bouddha reçut la révélation. C'est
un arbre au feuillage très étalé : au Sri
Lanka, un village entier d'une centaine
de huttes fut construit sous le feuillage
d'un seul de ces arbres.

Le feuillage de Koompassia
excelsa *domine le reste
de la jungle.*

KOOMPASSIA EXCELSA
Il s'élève parfois à 75 m :
c'est l'arbre le plus haut de la
jungle malaise. Les autochtones
n'aiment pas l'abattre car ils
le croient habité par des esprits.
Les rayons de miel des abeilles
sauvages pendent de ses
branches, hors de portée
des ours amateurs de miel
qui hantent la région.

LE FICUS
Ce curieux figuier a
des racines qui poussent
vers le sol à partir
des branches. Il peut
en avoir des centaines,
qui épaississent et finissent
par ressembler à des
troncs, le transformant
en géant : on a trouvé
près de Puna, en Inde,
un ficus dont la couronne
de feuilles atteignait
600 m de circonférence.

*Longs bras musclés
pour se balancer
d'arbre en arbre.*

*Chaque feuille, au bout
d'un long pétiole, a des
nervures argentées sur le
dessus et un pigment
violacé au-dessous.*

*ALOCASIA
THIBAUTANIA*

L'ORANG-OUTANG
Le nom de ce grand singe
signifie "homme des bois" en
malais. Il ne vit qu'à Bornéo et
à Sumatra, dans la forêt vierge
où il trouve les fruits dont
il se nourrit. Les adultes
ne recherchent la compagnie
de leurs semblables
que pour l'accouplement.

UNE ARACÉE
Cette sorte
d'arum pousse dans
les forêts du Sud-Est
de l'Asie. Sur le dessous
de la feuille, un pigment
violacé aide la plante
à profiter au mieux du
peu de lumière qui règne
au sol de la jungle.

KANGOUROU

LA FORÊT TROPICALE HUMIDE

Les forêts à feuilles persistantes des montagnes tropicales sont très différentes de la jungle toute proche située en contrebas : toujours enveloppées de nuages bas, elles y abritent d'autres espèces, mieux adaptées à l'humidité froide permanente.

NIVEAUX DE VÉGÉTATION

En montagne, le thermomètre perd 0,6 °C tous les 100 m. À 1 000 m d'altitude, la forêt humide froide remplace la forêt humide tropicale chaude.

Forêt d'altitude

Forêt de plaine

Mangrove

L'altitude à laquelle un type de forêt remplace l'autre est variable.

LES MONTS CAMERON

Les monts Cameron, en Malaisie, sont couverts de forêt tropicale humide, enveloppée de nuages nés de la condensation de l'air humide au contact de températures fraîches en altitude. Certaines zones ont été déboisées pour l'agriculture, mais sur les pentes inaccessibles les forêts naturelles demeurent.

*Le mâle redresse
la queue pendant
la parade nuptiale.*

L'OISEAU DE PARADIS

Les mâles de cette espèce
se groupent dans la forêt
tropicale humide. Leur
plumage magnifique
attire les femelles
les moins séduisantes
du monde des oiseaux.

*Les troncs et les branches
sont envahis de mousses
et d'hépatiques.*

AU CŒUR DE LA FORÊT

Dans l'air frais de la forêt
humide, des plantes aux
feuilles grêles, comme les
mousses et les hépatiques,
envahissent presque tout.

L'AUSTRALIE

La savane désertique et aride couvre presque toute l'Australie tropicale, à l'exception de quelques zones de forêt humide tropicale le long de la côte Est. Les acacias et les eucalyptus se partagent les chaudes prairies tropicales. Les forêts, abritent des espèces primitives de feuillus et de conifères.

KOALA

EUCALYPTUS PAPUANA
Ces arbres sont disséminés le long des rivières à sec de l'Australie tropicale. L'écorce est couverte d'une poudre blanche qui s'envole dès qu'on la touche.

Les feuilles pointues sont recouvertes d'une cuticule qui les empêche de se dessécher.

Les petites fleurs donnent un miel très parfumé.

Écorce poudreus blanche.

FICUS DESTRUENS
Ses graines germent
à la base d'une branche,
tout en haut de la forêt
humide tropicale.
Le jeune figuier
développe ses racines
jusqu'au sol où elles
prolifèrent, finissant par
étouffer leur hôte.

L'EUCALYPTUS
Il en existe
près de
900
espèces
en Australie. Certaines supportent la
sècheresse, les sols pauvres et les feux
de broussailles. Après un incendie, les
bourgeons de certaines variétés, cachés
sous l'écorce, germent et grandissent
pour remplacer les branches calcinées.

Un ficus
étouffe
les feuilles de
son hôte et
étrangle
le tronc

Les cônes mâles
et femelles poussent
sur des arbres séparés,
sur les plus hautes
branches seulement.

La couronne de
feuilles lancéolées
forme un dôme
symétrique.

ARAUCARIA
BIDWILLII
Ce conifère
pousse dans les
forêts humides
tropicales du
Queensland.
Il ne s'agit
pas d'un pin
véritable
mais il
ressemble
au désespoir
du singe.

Les branches
forment
des spirales
à partir du
tronc.

LES FORÊTS MIXTES PERSISTANTES

L'HABITAT

Ces forêts sont un mélange de conifères et de feuillus. On les trouve dans les régions tempérées du monde où les hivers sont froids, mais pas assez pour que les feuillus perdent leurs feuilles.

PERRUCHE TERRESTRE

LES FOUGÈRES ARBORESCENTES

Dans le sous-bois des forêts humides du Sud, on trouve des fougères arborescentes semblables à celles qui poussaient il y a des millions d'années.

LE SAVIEZ-VOUS ?

• Il faut un soleil de plomb ou un incendie pour que s'ouvrent les cônes des pins de Californie ou de Méditerranée .

• Quelques-uns des plus grands arbres du monde poussent dans ces forêts mixtes ; en Nouvelle-Zélande, le kauri peut atteindre 75 m.

LE CHÊNE VERT

Comme tous les arbres des climats chauds et secs, ses feuilles cireuses l'empêchent de se dessécher. Les jeunes feuilles sont couvertes de poils qui évitent l'évaporation.

Jeunes pousses à poils blancs

Les chatons mâles s'ouvrent sur les jeunes rameaux

Feuille robust et cireu

SOPHORA MICROPHYLLA
Nombre d'arbres et de fleurs sont les mêmes dans les forêts du Chili et de Nouvelle-Zélande. *S. microphylla*, par exemple, pousse dans les deux pays, aussi bien en altitude qu'au niveau de la mer.

…es fleurs jaunes deviennent des gousses brunes ailées.

LES MOUSSES
Elles sont partout dans les forêts humides et absorbent l'humidité à travers leurs feuilles. Leurs racines minces ne servent qu'à tenir dans le sol.

LES HÊTRES DE L'HÉMISPHÈRE SUD
Ce groupe compte une quarantaine d'espèces (*Nothofagus sp.*) que l'on trouve toutes dans l'hémisphère Sud. Ils se développèrent et se répandirent à une période où l'Amérique du Sud, l'Antarctique, l'Australie et la Nouvelle-Zélande ne faisaient qu'un seul continent : le Gondwana.

LE SUD-EST AUSTRALIEN

Le Sud-Est australien et l'île de Tasmanie possèdent de riches forêts d'eucalyptus et de hêtres de l'hémisphère Sud, *Nothofagus sp.*, ainsi que quelques conifères rares. Ces hêtres sont les derniers survivants des régions boisées qui couvraient jadis l'Antarctique.

ATHROTAXIS LATIFOLIA
Ce conifère à petites feuilles écailleuses pousse sur les sommets des Western Mountains, Tasmanie.

LE KOOKABURRA
Le ricanement de ce kookaburra, le plus grand martin-pêcheur du monde, peuple les forêts d'eucalyptus de l'Est de l'Australie. Le kookaburra est un chasseur de petits serpents, de lézards et d'insectes.

PAYSAGE FORESTIER
Sous les eucalyptus, pousse un fouillis de fougères arborescentes et de plantes peu communes, comme les xanthorrhées.

UNE SORTE DE CIDRE
Les jeunes feuilles
d'eucalyptus sont arrondies,
sans pétiole, avec des folioles
opposées. Elles sont très
différentes des feuilles adultes
qui sont lancéolées et ont un
pétiole et des folioles alternés.
On fabriquait autrefois une
sorte de cidre à partir de la
sève d'*Eucalyptus gunnii*,
variété que vous voyez ici.

UN GÉANT
Cet *Eucalyptus regnans*
se préfère les sols riches
et profonds de l'état de
Victoria et de Tasmanie.
Il détient le record de
hauteur chez les feuillus :
95 mètres.

*Les feuilles
d'eucalyptus
contiennent une
huile essentielle.*

*La fleur se compose
de petits pétales
jaunes et d'une
masse d'étamines.*

LE MIMOSA
Ce petit arbre aime les
vallées et le bord des rivières.
Ses feuilles sont composées de
minuscules folioles linéaires et ses
fleurs sont duveteuses et odorantes

*...es feuilles sont
...ipennées, avec
...de minuscules
folioles.*

LA NOUVELLE-ZÉLANDE

Ce pays est le seul a regrouper autant d'espèces différentes. Le Nord de l'île a un climat très chaud et, avant l'arrivée des Maoris, était entièrement couvert d'immenses forêts de conifères. Le Sud bénéficie d'un climat plus frais et plus humide. On y trouve des hêtres, *Nothofagus sp.*, comme ceux qui poussent au Chili et en Argentine.

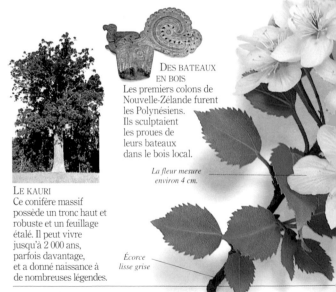

DES BATEAUX EN BOIS
Les premiers colons de Nouvelle-Zélande furent les Polynésiens. Ils sculptaient les proues de leurs bateaux dans le bois local.

La fleur mesure environ 4 cm.

LE KAURI
Ce conifère massif possède un tronc haut et robuste et un feuillage étalé. Il peut vivre jusqu'à 2 000 ans, parfois davantage, et a donné naissance à de nombreuses légendes.

Écorce lisse grise

*Feuilles lisses
à dents simples*

"TAWHAIRAURIKI"
C'est le nom donné
par les Maoris
à cette variété
de hêtre, à feuillage
persistant très
répandu sur les
pentes des
montagnes
et en plaine.

*HOHERIA
GLABRATA*
Des bouquets
de fleurs blanc crème
ornent cet arbre en été.
Les graines sont enfermées
dans des petites capsules ailées.
Les feuilles caduques sont
ovales ou en forme de cœur.
Hoheria glabrata pousse
dans les parties
broussailleuses
des clairières.

*Les boutons jaunes
donnent des fleurs
blanches*

UNE FORÊT HUMIDE
FRAÎCHE
Dans la forêt
tropicale
de Nouvelle-Zélande, la
température ne descend
jamais au-dessous de zéro.
Les fougères et les fougères
arborescentes s'y plaisent et chaque
parcelle de forêt est couverte de
mousses et d'hépatiques.

LA CALIFORNIE

Presque toute la
California jouit d'un
climat sec, à faibles
chutes de pluie. Au Sud
se trouve le désert Mojave, les
buissons clairsemés et les arbres
rachitiques du chaparral. Dans
les zones plus humides, régions
côtières et montagneuses,
on trouve des forêts.

Feuilles vertes,
coriaces
et lustrées

ARBUSTUS MENZIESII
Ses fleurs blanc-crème donnent
des baies rougeâtres d'1 cm de
diamètre. Il aime les sols humides,
dans les gorges escarpées et sur
les falaises côtières.

Les fleurs ont
des sépales
jaune-vert à la
place des
pétales.

LE LAURIER DE CALIFORNIE
Cet arbre peut atteindre 30 m de hauteur dans
des zones humides et abritées, mais il se réduit
à un arbuste dans des sites arides et secs. Ses feuilles
dégagent un parfum toxique qui provoque des maux
de tête. On utilise son bois pour faire des bols.

*Les écailles
s'ouvrent quand
le cône est mûr.*

*Petites écailles
squamiformes en
ramules aplaties.*

CALOCEDRUS DECURRENS

Il porte des petites feuilles
en écailles pointues groupées en
ramules aplaties, parfumées
quand on les écrase.
Les cônes allongés sont
constitués de six écailles ligneuses.
Son bois aromatique est recherché
pour fabriquer des commodes
et des boîtes décoratives.

LE CYPRÈS DE LAMBERT

Il pousse naturellement dans un petit
périmètre au sud de la baie
de Monterey, en Californie.
Petit et chétif dans son
habitat natal, il peut
atteindre 25 m dans
d'autres régions
du monde.

L'Amérique du Sud

Des forêts de hêtres et de conifères poussent dans la Cordillère des Andes, au Chili et en Argentine. À l'Ouest, les montagnes font face à l'océan Pacifique et sont enveloppées dans le brouillard et la pluie. Le versant Est des Andes est beaucoup plus sec.

CÔNE FOSSILISÉ DE DÉSESPOIR DU SINGE

Feuilles triangulaires très pointues

Tronc haut et mince

LE DÉSESPOIR DU SINGE
Ce curieux conifère pousse souvent dans les jardins mais il est natif de l'Est de la Cordillère des Andes. La forme particulière de son feuillage est facilement reconnaissable.

L'ALERGE
C'est l'un des rares cyprès à l'état sauvage dans l'hémisphère Sud. Son écorce rougeâtre pèle en bandes verticales. Un grand nombre de ces cyprès furent abattus pour leur excellent bois d'œuvre.

Avec son bec, il creuse des trous dans les troncs.

Feuilles n verticilles de trois

LE COLAPTE DORÉ
Ce pic des Andes cherche sa nourriture dans les troncs avec son bec dur. Ses pattes munies de griffes l'aident à grimper.

Pointe émoussée de la feuille

Les étamines ont des anthères oranges.

Petit cône brun arrondi

EUCRYPHIA CORDIFOLIA
Les forêts fraîches et détrempées de pluie de certaines régions du Chili sont le domaine d'*Eucryphia cordifolia*. En plaine, c'est un grand arbre au feuillage étroit. En altitude, il est de plus petite taille.

Les grandes fleurs blanches à quatre pétales sont délicatement parfumées.

LA MÉDITERRANÉE

Des forêts couvraient jadis le pourtour de la mer Méditerranée. Elles furent les premières à être déboisées par des populations toujours prospères : Égyptiens, Grecs et Romains.

L'ARBOUSIER
De petites fleurs blanc-vert pendent parmi les feuilles persistantes vernissées de l'arbousier. Les fruits sont comme de minuscules fraises.

Les feuillus méditerranéens

Dans l'antiquité, les embarcations en bois étaient indispensables à la survie de populations comme les Grecs et les Romains ; un grand nombre d'arbres furent ainsi décimés. Aujourd'hui, les arbres de cette région sont une source de nourriture. Le fruit du caroubier, par exemple, est un excellent substitut du chocolat.

LE LAURIER
Dans l'antiquité, les Grecs et les Romains considéraient le laurier comme un symbole de sagesse et de gloire. Des couronnes de feuilles de laurier glorifiaient les empereurs, les vainqueurs et les citoyens de marque comme les magistrats.

LE LIÈGE

Le liège est léger, rempli d'air et imperméable. On l'utilise comme isolant et comme revêtement de murs et de sols. Le liège des bouchons de bouteilles est coupé dans la masse. Les chutes sont utilisées pour fabriquer des semelles et des bouchons pour la pêche.

EXTRACTION DU LIÈGE

Le chêne-liège produit une couche de liège d'environ 7 cm d'épaisseur pour protéger les tissus vivants du tronc contre la chaleur du soleil. Des plaques de liège sont prélevées à peu près tous les dix ans.

OLIVES

Les olives vertes sont cueillies avant leur maturité.

L'OLIVIER

Cultivé dans les régions méditerranéennes depuis plus de 5 000 ans, il peut vivre 1 000 ans et donne d'importantes récoltes de fruits riches d'une huile pressée à partir des fruits frais.

Les conifères méditerranéens

Les paysages parsemés de groupes de conifères
évoquent les collines et les montagnes
de Grèce, d'Italie et des îles méditerranéennes.
À l'ombre des pins pousse une grande variété
de petits arbres à feuilles persistantes.
Les zones trop rocheuses pour les arbres
sont couvertes d'un tapis de plantes qui
survivent avec peu d'eau. Leurs feuilles
sont épineuses ou parfumées.

*Feuilles isolées
sur des rameaux
longs.*

*Des groupes
de fleurs mâles
s'ouvrent
à l'automne.*

EMBLÈME DE MORT
Dans la Rome antique,
Pluton était Roi
des Enfers et dieu
de la Mort. Il tenait une
fourche, symbole
de sa puissance
et on associait son
image au feuillage
sombre du cyprès.

*Feuilles
étroites
et pointues.*

LE CÈDRE DE L'ATLAS
Cet arbre magnifique
pousse dans les
montagnes de l'Atlas marocain
et algérien. Ses aiguilles très
pointues ont une teinte bleutée
qui en font un arbre
ornemental très recherché.

LE CÔNE DU PIN PARASOL
Lourd et rond, il peut mesurer
10 cm de long. Ses écailles lisses
cachent des graines comestibles :
les pignons.

PIGNONS
DE PIN

CÔNE DE PIN

PAYSAGE TYPIQUE
Nombre d'espèces de conifères poussent dans les
sols secs et sableux de la région. Les collines
boisées de conifères tels le cyprès
italien, le pin maritime ou le cèdre
de l'Atlas sont des aspects
typiques de ces
paysages.

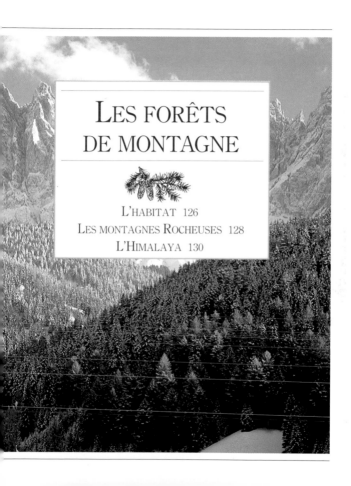

LES FORÊTS
DE MONTAGNE

L'HABITAT

Il y a des montagnes sur tous les continents. Certaines forment des chaînes imposantes, comme les Rocheuses et l'Himalaya. Les sommets sont toujours plus froids que les plaines, même sous les tropiques.

UN CLIMAT RIGOUREUX
En montagne, les chutes de neige durent de l'automne à l'été. Les plus hauts sommets sont enneigés toute l'année.

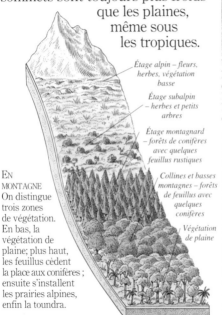

Étage alpin – fleurs, herbes, végétation basse

Étage subalpin – herbes et petits arbres

Étage montagnard – forêts de conifères avec quelques feuillus rustiques

Collines et basses montagnes – forêts de feuillus avec quelques conifères

Végétation de plaine

EN MONTAGNE
On distingue trois zones de végétation. En bas, la végétation de plaine ; plus haut, les feuillus cèdent la place aux conifères ; ensuite s'installent les prairies alpines, enfin la toundra.

LE SAVIEZ-VOUS ?

• La formation des montagnes est due aux mouvements de la croûte terrestre.

• Les plus hautes montagnes sont aussi les plus jeunes : elles n'ont pas encore été usées par l'érosion.

• Au sommet des montagnes, les rayons ultraviolets retardent la croissance des plantes alpines.

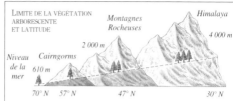

LIMITE DE LA VÉGÉTATION ARBORESCENTE ET LATITUDE

Montagnes Rocheuses

Himalaya

4 000 m

2 000 m

Niveau de la mer

Cairngorms
610 m

70° N   57° N   47° N   30° N

LES LICHENS
Ils sont abondants en montagne. Sur les pentes les plus hautes, la toundra, formation végétale de lichens et de mousses, est souvent la seule végétation présente.

LA LIMITE DE LA VÉGÉTATION ARBORESCENTE
Les forêts poussent en montagne jusqu'à une certaine altitude où les températures deviennent trop rudes : c'est ce que l'on appelle la limite de la végétation arborescente. Cette limite varie en fonction de la distance avec l'Équateur. Seuls, quelques conifères et de rares feuillus robustes survivent au-dessus de cette limite.

LES DOLOMITES
Cette vue des Dolomites, au Sud de l'Europe, montre des conifères et des feuillus. Les régions boisées finissent par céder la place aux pics couverts de neige. Les montagnes isolées ou les chaînes de montagnes sont un peu comme les îles : elles abritent souvent des animaux et des plantes qui ne vivent nulle part ailleurs.

LES MONTAGNES ROCHEUSES

Elles forment la colonne vertébrale de l'Amérique du Nord : plus de soixante chaînes différentes s'étendent de l'Alaska, au nord, jusqu'au Mexique, au sud, en traversant le Canada et les États-Unis. Beaucoup des arbres qui y poussent sont dans les parcs nationaux.

LE PIN LODGEPOLE
Il pousse au flanc des montagnes. Avec son feuillage étroit, il porte de petits cônes. Sur les côtes, le feuillage est plus étalé, les aiguilles plus courtes et les cônes plus grands.

PINUS PONDEROSA
Ce pin élégant pousse à l'est des Rocheuses. Autrefois, les Indiens d'Amérique en récoltaient l'écorce pour faire de bons feux sans fumée sans être repérés.

LE PARC NATIONAL DE JASPER
Ce paysage d'automne des Rocheuses canadiennes, montre le contraste entre les sombres conifères et les trembles flamboyants, arbres les plus répandus en Amérique du Nord.

Dessus de la feuille gris vert, deux étroites bandes blanches dessous.

L'ÉLAN CANADIEN
Le mâle de l'original, le plus grand cervidé du monde, peut peser plus de 450 kg. Il vit surtout dans les forêts du Nord, mais on le trouve aussi plus au Sud, dans les Rocheuses. Il se nourrit des feuilles et des rameaux des arbres environnants.

ABIES LASIOCARPA
Ce sapin, typique des Rocheuses, pousse à la limite de la végétation arborescente. Son feuillage étroit aux branches courtes penchées vers le bas est parfois couvert de neige en hiver.

Ces couleurs orange et jaune sont celles des trembles en automne.

L'HIMALAYA

Cette immense chaîne de montagnes s'étend du
Pakistan, à l'ouest, à l'extrême nord-est de l'Inde.
Dans ces montagne se trouve les plus hauts
sommets du monde, dont le mont Everest,
et certaines espèces d'arbres parmi les plus rares.

Les feuillus de l'Himalaya

Au sud de l'Himalaya, sur les pentes les plus basses, poussent
des forêts tropicales. Plus haut, les fleurs des rhododendrons
et des magnolias, les feuillages d'automne étincelants et les baies
vivement colorées illuminent le paysage.

LE RHODODENDRON
ARBORESCENT
Il couvre les pentes
de l'Himalaya. Les
gros bouquets de fleurs
rouges se détachent sur
le vert sombre des feuilles.
Les fruits sont de
petites capsules
ligneuses.

*Des nervures
parallèles partent
de la nervure
principale.*

*Les fleurs se
transforment
en petites
capsules
ligneuses qui
contiennent
les graines.*

*Chaque
inflorescence
contient jusqu'à
20 fleurs.*

Folioles bordées de fines dents

Les taches jaunes deviennent rouges quand la fleur mûrit.

UN OISEAU EFFRONTÉ
Le bulbul à joues blanches est très répandu dans l'Himalaya. On le voit rôder autour des villages, en quête de quelques morceaux de nourriture, et devient facilement familier.

AESCULUS INDICA
Ce marronnier pousse au nord-ouest de l'Himalaya. Son écorce grise est lisse ; ses feuilles comptent 5 folioles dentées sur des pétioles courts. Les fruits ont une à trois graines presque noires.

BETULA UTILIS
Ce bouleau pousse au-dessus de la limite de la végétation arborescente, vers 4 000 m d'altitude. L'écorce blanche pèle en bandes et révèle une jeune écorce cuivrée. Les Himalayens en font les toits de leurs maisons.

Les conifères d'Himalaya

Au-dessus des forêts tropicales du Sud,
on trouve des forêts mixtes où poussent
de superbes conifères. Certaines espèces,
comme le cèdre de l'Himalaya, donnent
un bois d'œuvre de grande qualité et
très recherché. D'autres espèces sont
connues pour leurs aiguilles gris-bleu
et la forme élégante de leur feuillage.
Au Nord s'étendent les hauts plateaux
du Tibet.

LE PIN PLEUREUR
Il porte des aiguilles gris-
bleu, longues et fines,
et des cônes de 30 cm,
moins ligneux que ceux
de la plupart des pins.

PAYSAGE HIMALAYEN
Ce hameau est situé sur les hautes
pentes de l'Himalaya, près
de Bemkar. Les maisons
sont nichées à l'abri
de conifères
rustiques.

LE BOUDDHISME

C'est une des principales religions dans le monde. Les Bouddhistes croient que le fondateur de cette religion, Siddharta Gautama, était assis sous un banian quand il reçut l'illumination. Cet arbre de la sagesse est devenu sacré en Inde.

Siddharta porte aussi le nom de Bouddha.

JUNIPERUS RECURVA

Ce genévrier a les branches pendantes et des petits cônes aromatiques aux écailles charnues bleu-noir. Il préfère les vallées abritées, mais sa robustesse lui permet de survivre à 3 600 m d'altitude, là où presque aucun arbre ne pousse.

Rameaux peu colorés

Feuilles recourbées, longues et minces.

PICEA SMITHIANA

Cette élégant épicéa pousse à mi-hauteur des pentes himalayennes, entre l'Afghanistan et le Népal. C'est un bel arbre souvent utilisé en ornement. Le feuillage est étroit et les rameaux pendants. Les cônes ont des écailles lisses luisantes à maturité.

À maturité, le cône est brun brillant.

EN SAVOIR PLUS

ÉTUDIER LES ARBRES

L'étude des arbres est passionnante et accessible à tous. On peut la pratiquer toute l'année. Il faut d'abord savoir reconnaître ceux qui vous entourent. Au début, vous aurez du mal à les distinguer, mais en étudiant leur silhouette, leurs feuilles, leur écorce, leurs fleurs ou leurs cônes, vous serez capable de les identifier sans erreur.

PRENDRE DES NOTES

Croquis et notes vous aideront à étudier les arbres environnants. Ayez toujours un bloc-notes, des crayons et une loupe.

LE "SQUELETTE" DES FEUILLES

Quand une feuille tombe à terre, elle pourrit et ne laisse que son squelette : on voit alors les minuscules nervures qui transportent la sève et l'eau à travers la feuille.

COMMENT MESURER UN ARBRE

Un ami se tiendra debout sous l'arbre. Tenez un bâton à bout de bras, son extrémité supérieure alignée avec la tête de votre ami. Faites une marque sur le bâton à la hauteur de ses pieds. Comptez combien de fois cette mesure tient dans la hauteur de l'arbre. Multipliez ce nombre par la taille de votre ami : ce sera la taille de l'arbre.

Votre ami debout sous l'arbre

Bâton de mesure

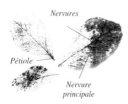

Nervures

Pétiole

Nervure principale

LE HÊTRE COMMUN
L'écorce est lisse
et mince. L'empreinte
montre une texture
tachetée.

LE CHÊNE PÉDONCULÉ
Les losanges
et les fissures de
l'écorce sont visibles
sur l'empreinte.

EMPREINTES D'ÉCORCE
Pour les relever, collez
une feuille de papier
solide sur le tronc.
Avec un crayon gras,
frottez le papier.
Vous obtiendrez ainsi
les motifs de l'écorce
de différents arbres.
N'oubliez pas de noter
le nom de chaque arbre.

LE PIN SYLVESTRE
Les plaques
irrégulières
sont caractéristiques
de ce conifère.

L'ÉPICÉA COMMUN
Sur l'arbre adulte,
l'écorce se détache
en plaques
arrondies.

LES ARBRES EN HIVER
Comment identifier les
arbres lorsqu'ils ont
perdu leurs feuilles ?
Regardez attentivement
les rameaux dénudés :
ils peuvent être minces
et tombants ou robustes
et recourbés vers le haut.
Observez aussi les
bourgeons naissants.

FRÊNE
Rameaux gris-vert, lisses,
gros bourgeons noirs.

AULNE
Bourgeons latéraux
sur des petits pétioles.

SAULE BLANC
Rameaux frêles,
bourgeons alternés.

CHÂTAIGNIER COMMUN
Gros rameaux et anguleux,
bourgeons brunâtres.

REGARDER GRANDIR UN ARBRE

À l'intérieur de chaque graine se trouve un embryon
d'arbre qui grandira si les conditions sont favorables.
Plantez une graine et observez-la
se développer d'année en année.
Certaines graines mettent deux
mois et plus pour germer, alors
soyez patient !

*Une substance
visqueuse repousse
les oiseaux et les
insectes affamés.*

**DES RAMEAUX
DANS L'EAU**
Placez des rameaux
de marronnier d'Inde
coupés au printemps,
dans un bocal rempli
d'eau : les bourgeons
s'ouvriront.

*Les écailles
visqueuses
du bourgeon
protègent la
petite feuille
étroitement
enroulée.*

*Cicatrices
laissées par
les écailles
du bourgeon
de l'année.*

*Grande
cicatrice laissée
par la feuille
tombée à
l'automne
précédent.*

**LE BOURGEON
DEVIENT FLEUR**
Les écailles visqueuses
tombent, les jeunes feuilles
se déplient. Pâles et fripées
au début, elles deviennent vert
foncé à mesure que les folioles
se développent. Au cœur du
bourgeon, vous verrez apparaître
une minuscule fleur.

DE LA GRAINE À L'ARBRE
Quelle plaisir de voir votre
première pousse sortir
de terre ! À l'automne,
ramassez des graines sur
le sol et gardez-les dans
un endroit humide jusqu'au
moment de les planter
(elles ne survivront pas dans
un endroit chaud et sec).

VOTRE MATÉRIEL :

GRAINES   CAILLOUX   CUILLÈRE

SAC EN PLASTIQUE   TERRE

POT ET SOUCOUPE   BOL   ARROSOIR

*Les cailloux permettent
à l'eau de
s'écouler
facilement.*

*Fixez
le plastique
avec une
ficelle ou un
élastique.*

1 Faites tremper une nuit
les graines dans l'eau.
En absorbant l'eau, un
minuscule embryon
commence à se développer.

2 Des cailloux au fond
d'un pot, de la terre
aux trois quarts, une graine
au centre recouverte d'une
fine couche de terre.

3 Couvrez le pot d'un
plastique pour garder
l'humidité. Placez le pot
sur un rebord de fenêtre
ou dans une serre.

*Minuscule
pousse
d'arbre*

4 Quand la pousse
émerge, enlevez
le plastique et arrosez
modérément, pour ne pas
faire pourrir la pousse.

5 Les arbres ne sont pas
des plantes d'intérieur.
Votre pousse sera mieux
dehors pendant l'été.
N'oubliez pas de l'arroser.

6 En automne ou au
printemps suivant,
plantez la pousse en terre
dans un trou d'un diamètre
supérieur à celui du pot.

LES ARBRES EN DANGER

La forêt couvre environ un tiers de notre planète, mais de nombreux pays ne possèdent plus qu'une petite parcelle de la forêt d'origine. Des dangers multiples menacent les forêts, particulièrement en zone tropicale : chaque année, l'homme détruit plus de 5 millions d'hectares de forêt humide et au moins 38 espèces d'arbres tropicaux sont menacés d'extinction.

EXPLOITATION DU BOIS

Des quantités d'arbres sont abattus chaque année. Des forêts entières sont menacées ainsi que les tribus et la faune qui les habitent. Les espèces sélectionnées pour leur bois d'œuvre risquent de disparaître.

DESTRUCTION DE L'HABITAT

Des espèces rares sont menacées de disparition, notamment dans les forêts tropicale et les forêts tempérées anciennes. Les forêts insulaires sont très vulnérables parce qu'elles contiennent des espèces qu'elles sont les seules à abriter.

FEUX DE FORÊTS

Si le feu fait partie de certains écosystèmes, il est souvent un fléau. Les incendies délibérés, menace permanente en milieu tropical et tempéré, sont incontrôlables. Une forêt ravagée par le feu met de nombreuses années à repousser.

LES NUISIBLES

Lorsque des nuisibles étrangers à une forêt y sont introduits, insectes, champignons ou même chèvres, ils font des ravages. Les nuisibles peuvent être transportés d'un pays à un autre, délibérément ou accidentellement.

ABATTAGE

On abat des arbres pour récupérer des terres pour l'agriculture, construire des routes, des maisons et des fermes et pour exploiter des mines. Ils servent aussi beaucoup de combustibles.

LES PLUIES ACIDES

La pollution industrielle provoque des pluies acides. Les oxydes de soufre et d'azote rejetés par les centrales thermiques et les usines retombent dissous par les pluies et font dépérir des forêts entières.

FORÊTS EN DANGER

Nom	Localité	Symbole
Conifères	Amérique du N, Europe C. et N., Asie du N.	
Forêts tropicales	Amérique du S. et C., Afrique, Asie du S.E.	
Forêts tempérées, caduques	Amérique du N., Asie, Europe	
Forêts de montagne	Mexique, Andes, Himalaya	
Forêts tempérées, persistantes	Amérique du S., Nlle-Zélande, S.E. australien.	

ARBRES EN DANGER

Nom	Localité	Symbole
3 espèces de diptérocarpes	Sri Lanka	
3 espèces de pins (*Pinus*)	Mexique	
Palissandre (*Dalbergia nigra*)	Brésil	
Acajou (*Swietenia macrophylla*)	Brésil, Pérou, Guatemala	
Turraca decandra	Ile Maurice	
Populus ilicifolia	Tanzanie, Kenya	
Teck (*Tectona philippinensis*)	Philippines	

CLASSIFICATION DES ARBRES

La classification consiste à ranger les êtres vivants par catégories, en fonction des caractéristiques qui leur sont communes. À l'intérieur de la classification des plantes, les arbres n'occupent pas une place à part mais sont distribués dans plusieurs groupes. En partant du groupe le plus vaste, le règne, les plantes sont divisées en catégories de plus en plus petites.

RÈGNE
Végétal

PHYLUM
Spermatophytes : plantes à graines.

CLASSE
Angiospermes : plantes à graines enfermées dans un fruit.

ORDRE
Fagales : aulnes, bouleaux, chênes, hêtres et châtaigniers.

FAMILLE
Bétulacées : comprend bouleaux et aulnes.

GENRE
Betula : nom latin du bouleau.

ESPÈCE
pendula : aux rameaux pendants.

L'ESPÈCE
L'espèce désigne un groupe d'arbres similaires, dont les fleurs peuvent se polliniser pour donner des graines. Chaque arbre porte un nom latin composé du genre et de l'espèce le bouleau verruqueux est *Betula pendula*

CLASSE	SOUS-CLASSE	ORDRE	FAMILLE ET ESPÈCE
GYMNOSPERMES	CYCADÉES GINKGOATÉES DICOTYLÉDONES	Cycadales Ginkgoales Taxales	Cycadacées – cycas Ginkgoacées – Ginkgo Taxacées – *Torreyas,* ifs
		Pinales	Araucariacées – désespoir du singe, Kauri
			Podocarpacées – *Podocarpus*
			Cupressacées – cyprès, thuya géant
			Taxodiacées – séquoias
			Pinacées – pins, sapinettes, mélèzes
ANGIOSPERMES	DICOTYLÉDONES	Magnoliales	Magnoliacées – magnolias, tulipier
			Annonacées – papayer
		Laurales	Lauracées – avocatier, cannelier
		Hamamelidales	Cercidiphyllacées – *Cercidiphyllum japonicum*
			Platanacées – platanes, platanes d'Amérique
			Hamamélidacées – hamamélis, copalme d'Amérique
		Myricales	Myrtacées – cirier

CLASSE	SOUS-CLASSE	ORDRE	FAMILLE ET ESPÈCE
ANGIOSPERMES	DICOTYLÉDONES	Fagales	Bétulacées – aulnes, bouleaux Fagacées – hêtres, chataîgniers, chênes
		Casuarinales	Casuarinacées – casuarina
		Caryophyllales	Phytolaccaceae
		Theales	Théacées – camélias Diptérocarpacées Guttifèracées – mangoustan
		Malvales	Tiliacées – tilleuls, tilleuls d'Amérique Sterculiacées – arbre bouteille, cacaoyer Bombacées – balsa, baobab, kapokier
		Urticales	Ulmacées – ormes Moracées – figuiers, mûriers
		Lecythidales	Lecythidacées – noyer (noix du Brésil), calebassier
		Violales	Caricacées – papayers Tamaricacées – tamaris
		Salicales	Salicacées – peupliers, saules
		Capparales	Moringacées – *Moringa*
		Ericales	Ericacées – *arbutus menziesii*

CLASSE	SOUS-CLASSE	ORDRE	FAMILLE ET ESPÈCE
ANGIOSPERMES	DICOTYLÉDONES		Arbousier, rhododendron
		Ebenales	Sapotacées – sapotier, arbres à gutta-percha, sapotillier
			Ebénacées – ébène, kaki
			Styracacées – styrax, arbre aux cloches d'argent
		Rosales	Pittosporacées – pittospore
			Eucryphiacées – *Eucryphia*
			Rosacées – pommiers, arbres à fruits à noyaux (poiriers, etc), sorbiers, aubépine
		Fabales	Légumineuses – acacia, arbre de Judée, caroubier, *Koompassia excelsa*
			Lytracées – myrtes
			Rhizophoracées – mangrove
		Myrtales	Myrtacées – eucalyptus
			Combretacées – *Sterculia*
		Cornales	Nyssacées – *Nyssa sylvatica*, arbres aux pochettes
			Cornacées – cornouiller à fleurs
		Proteales	Protéacées – *Grevillia, macadamia*
		Santalales	Santalacées – santal

CLASSE	SOUS-CLASSE	ORDRE	FAMILLE ET ESPÈCE
ANGIOSPERMES	DICOTYLÉDONES	Celastrales	Célastracées – fusain
			Aquifoliacées – houx, *Ilex paraguariensis*
		Euphorbiales	Euphorbiacées – hévéas, mancenillier
		Rhamnales	Rhamnacées – nerprun
		Sapindales	Sapindacées – savonnier, lychee
			Hippocastanacées – marronnier d'Inde, marronnier à fleurs rouges
			Acéracées – érables, *Acer negundo*
			Burséracées – ketmie
			Anacardiacées – manguier, pistachier
			Simarubacées – ailante
			Méliacées – acajou
			Rutacées – citronniers
			Zygophyllacées – gaïac
		Juglandales	Juglandacées – noyers, pacanier
		Geraniales	Erythroxylacées – coca
		Umbellales	Araliacées – *Pseudopanax ferox*

CLASSE	SOUS-CLASSE	ORDRE	FAMILLE ET ESPÈCE
ANGIOSPERMES	DICOTYLÉDONES	Gentianales	Loganiacées – buddléias Apocynacées – *Alstonia scolaris*, frangipanier Oléacées – frênes, oliviers, lilas
		Polemoniales	Ehrétiacées
		Lamiales	Verbénacées – teck
		Scrophulariales	Bignoniacées – catalpa commun
		Rubiales	Rubiacées – quinquinas, caféiers
		Dipsacales	Caprifoliacées – sureau
	MONOCOTYLÉDONES	Pandanales	Pandanacées – pandanus
		Arecales	Palmiers – palmiers
		Liliales	Agavacées – *Yucca brevifolia*, dragonnier

Glossaire

ALTERNÉES
Feuilles disposées le long d'une tige en deux rangées, mais pas les unes en face des autres.

ANGIOSPERME
Plante à fleurs dont les graines sont enfermées dans un fruit.

ANTHÈRE
Sorte de sac à la partie supérieure d'une étamine, dans lequel se forme le pollen.

ARBORESCENT
Qui prend la forme d'un arbre, ramifié.

AUBIER
Zone périphérique du bois jeune qui achemine la sève des racines vers les feuilles et entourant le cœur.

BIPENNÉE
Feuille divisée en folioles, elles-mêmes divisées en folioles plus petites.

BOGUE
Enveloppe piquante de la châtaigne

BRACTÉE
Petite feuille semblable à une écaille à la base de la fleur ou du bourgeon.

CADUC
Se dit d'un arbre qui perd ses feuilles, à l'automne dans les régions tempérées, ou au début de la saison sèche sous les tropiques (opposé à persistant).

CAMBIUM
Couche génératrice située entre le xylème et le phloème et qui fait grossir le tronc d'année en année.

CARPELLE
Partie reproductrice de la fleur, constituée de l'ovaire, du style et du stigmate.

CELLULOSE
Substance dont sont constituées les parois des cellules de la plante.

CHATON
Inflorescence pendante constituée de très petites fleurs unisexuées disposées le long d'une tige centrale.

CHLOROPHYLLE
Pigment vert qui absorbe l'énergie solaire et dont le rôle est primordial dans la photosynthèse.

CÔNE
Structure reproductrice mâle ou femelle de la plupart des gymnospermes (ex. la pomme de pin).

CONIFÈRE
Arbre à cônes.

COTYLÉDON
Feuille simple qui se développe à l'intérieur d'une graine et qui, en général, emmagasine de la nourriture pour l'embryon.

COURONNE
Branche, rameaux et feuilles de l'arbre.

CUTICULE
Pellicule superficielle, cireuse et imperméable, qui protège la feuille.

EMBRYON
Dans la graine, plantule qui se développe après la pollinisation.

ENDOCARPE
Pellicule la plus interne de la paroi du fruit.

ENTIÈRE
Se dit d'une feuille dont le bord n'est ni denté ni lobé.

ÉPICARPE
Pellicule externe qui recouvre le fruit.

ÉTAMINE
Partie mâle reproductive de la fleur qui comprend le filament, les anthères et les sacs à pollen.

FAINE
Fruit du hêtre.

FEUILLU
Arbre à feuilles et à fleurs, angiosperme.

FOLIOLE
Chaque partie d'une feuille composée.

FRUIT
Partie de la fleur qui contient les graines en développement.

GERMINATION
Début de la croissance et du développement de l'embryon.

GLAND
Fruit du chêne.

GRAINE
Unité de reproduction des arbres angiospermes ou gymnospermes.

GYMNOSPERME
Plante sans fleur dont les graines ne sont pas enfermées dans un fruit.

HUMUS
Terreau obtenu par décomposition des feuilles mortes, qui enrichi le sol des forêts.

INFLORESCENCE
Ensemble des fleurs et des bractées.

LENTICELLE
Pore minuscule de l'écorce du tronc, formé de cellules peu tassées, qui permet à l'écorce de respirer.

LIGNEUX
De la nature du bois.

LIGNINE
Substance qui renforce les cellules et les rend

ligneuses et rigides.

LIMBE
Partie principale
de la feuille.

LOBÉE
Se dit d'une feuille
constituée de plusieurs
parties qui ne sont pas
séparées en folioles.

MANGROVE
Arbres poussant dans
les marais saumâtres
des côtes tropicales.

MÉSOCARPE
Enveloppe centrale de
la paroi d'un fruit (ex.
la partie charnue de la
pêche, de la poire, etc.).

NECTAR
Liquide sucré produit
par les fleurs pour
attirer les insectes et
les animaux
pollinisateurs.

NERVURE
Veines irriguant
le limbe d'une feuille ;
celle qui prolonge

le pétiole est appelée
nervure médiane
(primaire ou principale).

OPPOSÉES
Deux rangs de feuilles
poussant le long d'une
tige par paires en
parfaite symétrie.

OVAIRE
Partie du carpelle qui
contient les cellules
femelles d'une plante.

PALMÉE
Feuille divisée en lobes
ou folioles qui sont
placés comme les
doigts d'une main.

PÉDONCULE
Tige portant une
inflorescence.
(le pédicelle est un petit
pédoncule).

PENNÉE
Feuille dont les folioles
sont disposées autour
d'un axe central.

PÉRICARPE
Paroi complète d'un fruit.

PERSISTANT
Se dit d'un arbre dont
les feuilles ne tombent
pas en hiver (opposé à
caduc).

PÉTALE
Partie interne de la
fleur (corolle) souvent
colorée ou parfumée
pour attirer les
pollinisateurs.

PÉTIOLE
La queue d'une feuille.

PHLOÈME
Vaisseaux qui
transportent
les sucres dissous
dans l'arbre.

PHOTOSYNTHÈSE
Processus par lequel
les plantes tirent leur
énergie de la lumière
solaire pour fabriquer
des sucres à partir du
gaz carbonique en
présence d'eau. Cette
assimilation n'est
possible que par la
présence de la
chlorophylle.

PIGMENT
Substance colorée.

PNEUMATOPHORE
Racines respiratoires qui poussent ves l'extérieur, au-dessus du sol.

POLLEN
Cellules de sexe mâle, souvent jaunes, pouvant féconder l'organe femelle et donner une graine.

POLLINISATION
Dépôt du pollen des étamines sur la surface du stigmate d'une plante de même espèce, pour former un fruit.

RAYON MÉDULLAIRE
Fine paroi verticale de cellules vivantes dans la partie ligneuse du tronc qui stocke et transporte les matières nutritives dans un arbre.

RÉCEPTACLE
Sommet de la tige d'une fleur sur lequel reposent les diverses parties de cette fleur.

RÉSINE
Substance collante aromatique qui éxude des blessures des conifères, et les protègent de la pourriture ou de l'attaque des insectes.

SAVANE
Formation végétale naturelle ou semi-naturelle composant d'immenses étendues d'herbes parfois clairsemées en boqueteaux, en zone tropicale avec courtes périodes de pluie.

SÉPALE
Partie en calice qui enveloppe et protège les bourgeons.

STIGMATE
Partie du pistil qui reçoit les graines de pollen qui collent à la surface.

STYLE
Partie du carpelle qui relie le stigmate à l'ovaire.

TÉPALE
Terme utilisé lorsque les sépales et les pétales sont identiques.

TRACHÉE
Petit vaisseau.

VEINE
Nervures des feuilles, des pétales, des sépales qui permet l'irrigation des tissus par la sève.

VÉGÉTATION ARBORESCENTE
Végétation composée d'arbres.

XYLÈME
Nom botanique du bois : cellules non-vivantes formant un tissu conducteur qui transportent la sève des racines à toutes les parties de l'arbre.

Index des noms latins

cytise des Alpes, *Laburnum alpinum*, 6 m, C.

désespoir du singe, *Araucaria araucana*, 30 m, P.

Elaeis guineense, 30 m, P.

épicéa commun, *Picea abies*, 50 m, P.

épicéa de Sitka, *Picea sitchensis*, 50 m, P.

érable à sucre, *Acer saccharum*, 30 m, C.

érable du Japon, *Acer japonicum*, 10 m, C.

érable plane, *Acer platanoides*, 25 m, C.

érable rouge, *Acer rubrum*, 25 m, C.

érable sycomore, *Acer pseudoplatanus*, 30 m, C.

Eucalyptus gunii, 25 m, C.

Eucalyptus papuana, 15 m, P.

Eucalyptus regnans, 60 m, P.

Eucryphia cordifolia, 40 m, P.

Euphorbia ingens, 9 m, P.

Ficus destruens, 30 m, P.

Ficus religiosa, 25 m, P.

figuier, *Ficus carica*, 9 m, C.

frêne commun, *Fraxinus excelsior*, 40 m, C.

genévrier commun, *Juniperus communis*, 6 m, P.

hêtre, *Northofagus sp.*

hêtre commun, *Fagus sylvatica*, 35 m, P.

Hibiscus syriacus, 3 m, C.

hinoki, *Chamaecyparis obtusa*, 40 m, P.

Hoheria glabrata, 10 m, C.

houx commun, *Ilex aquifolium*, 20 m, P.

if commun, *Taxus baccata*, 12 à 25 m, P.

Juniperus recurva, 15 m, P.

Larix sp., 40 m, C.

laurier de Californie, *Umbellularia californica*, 30 m, P.

laurier-sauce, *Laurus nobilis*, 15 m, P.

Magnolia dawsonia, 12 m, C.

Magnolia delavayi, 10 m, P.

magnolia à grandes feuilles, *Magnolia macrophylla*, 15 m, C.

magnolia à grandes fleurs, *Magnolia grandiflora*, 25 m, P.

marronnier d'Inde, *Aesculus hippocastanum*, 30 m, C.

mélèze commun, *Larix decidua*, 40 m, C.

Metasequoia glyptostroboides, 40 m, P.

mimosa, *Acacia dealbata*, 20 m, P.

noisetier de Byzance, *Corylus colurna*, 25 m, C.

noix du Brésil, *Bertholletia excelsa*, 45 m, P.

Nothofagus solandri, 25 m, P.

noyer blanc d'Amérique, *Carya ovata*, 23 m, C.

noyer noir, *Juglans nigra*, 24 m, C.

Nyssa aquatica, 30 m, C.

olivier, *Olea europea*, 15 m, P.

oranger, *citrus sinensis*, 10 m, P.

orme champêtre, *Ulmus procera*, 30 m, C.

palmier dattier, *Phoenix dactylifera*, 20 m, P.

palmier de Chine, *Trachycarpus fortunei*, 10 m, P.

papayer, *carica papaya*, 8 m, P.

pêcher, *prunus persica*, 8 m, C.

peuplier blanc, *Populus*

alba, 30 m, C.

peuplier noir,
Populus nigra, 30 m, C.

phellodendron de l'amour,
Phellodendron amurense,
12 m, C.

Picea jezoensis, 50 m, P.

Picea smithiana, 40 m, P.

pin à sucre, *Pinus
lambertiana*, 70 m, P.

pin de Corée, *Pinus
koraiensis*, 35 m, P.

pin de Monterey,
Pinus radiata, 30 m, P.

pin Lodgepole,
Pinus contorta, 25 m, P.

pin noir d'Autriche,
Pinus nigra, 40 m, P.

pin parasol, *Pinus pinea*,
20 m, P.

pin pleureur de l'Himalaya,
Pinus wallichiana,
40 m, P.

pin sylvestre,
Pinus sylvestris, 35 m, P.

pins aristés, *Pinus
aristata*, 15 m, P.

Pinus ponderosa, 50 m, P.

Pistacia vera, 10 m, C.

platane d'Orient, *Platanus
orientalis*, 30 m, C.

poirier commun,
Pyrus communis, 15 m, C.

pommier, *Malus domestica*,
10 m, C.

prunier domestique, *Prunus

domestica, 10 m, C.

*Prunus serrulata
"Kanzan"*, 10 m, C.

Pterocarya stenoptera,
25 m, C.

ptérocarya du Caucase,
Pterocarya fraxinifolia,
30 m, C.

Pyrus calleryana, 15 m, C.

rhododendron,
Rhododendron arboreum,
15 m, P.

robinier faux-acacia,
Robinia pseudoacacia,
40 m, C.

sapin commun,
Abies alba, 40 m, P.

sapin de Douglas,
Pseudotsuga menziesii,
60 m, P.

sapinette blanche,
Picea glauca, 30 m

sapinette noire,
Picea mariana, 30 m, P.

saule pleureur,
Salix babylonica, C.

Sophora microphylla,
10 m, C.

tamarinier, *Tamarindus
indica*, 25 m, P.

thuya géant, *Thuja plicata*,
50 m, P.

tilleul d'Amérique, *Tilia

americana, 23 m, C.

tsuga de Californie,
Tsuga heterophylla,
60 m, P.

tulipier de Virginie,
Liriodendron tulipifera,
50 m, C.

tupelo, *Nyssa sylvatica*,
25 m, C.

wellingtonia,
Général Sherman,
*Sequoiadendron
giganteum*, 80 m, P.

Zelcova serrata, 40 m, C.

C. à feuillage caduc

P. à feuillage persistant

Index

Adresses

La liste suivante n'est pas exhaustive.
Elle constitue un point de départ.

PARCS ET RÉSERVES FAUNIQUES
renseignements -100 parcs à
travers le Québec :

Ministère Environnement et Faune
5199, Sherbrooke Est
Bureau 3860
Montréal (Québec)
H1T 3X9
Tél.: (514) 374-2417

Ministère Environnement et Faune
150, boulevard René-Lévesque Est
RDC
Québec (Québec)
G1R 4V1
tél.: (418) 643-3127 ou 1(800) 561-
1616- appel gratuit.

SEPAQ- service de réservation
dans Parcs et réserves fauniques
C.P. 1010
Québec (Québec)
G1K 8X4
tél.: 1(800) 665-6527

Jardin botanique
et les sociétés amies.
4101, Sherbrooke Est
Montréal (Québec)
H1X 2B2
tél.: (514) 872-1400

Arboretum Morgan
150, chemin des Pins
C.P. 500 Macdonald College
Sainte-Anne-de-Bellevue (Québec)
H9X 1C0
tél.: (514) 398-7811

Centre Jardin Cloutier
183, route rurale 1
Chelsea (Ontario)
J0X 1N0
tél.: (819) 778-3576

Jardin de Métis
200, route 132
Grand-Métis
CP 242
Mont-Joli (Québec)
J5H 3L1
tél.: (418) 775-2221

Remerciements

Photographies :
Peter Anderson ; Geoff Brightling ; Jane Burton ; Peter Chadwick ; Geoff Dann ; Philip Dowell ; Paul Geoff ; Steve Gorton ; Frank Greenaway ; Alan Hills ; Colin Keates ; Dave King ; David Johnson ; Ray Moller ; Sue Oldfield ; Stephen Oliver ; Roger Phillips ; Tim Ridley ; David Rudkin ; Kim Taylor ; Jerry Young ; Matthew Ward. British Library ; British Museum ; Natural History Museum ; National Maritime Museum.

Illustrations :
Keith Duran ; Angelika Elsebach ; Nick Hewetson ; Mark Iley ; Kenneth Lilly ; Janos Marffy ; Sue Oldfield ; Richard Orr ; Tim Ridley ; Eric Thomas ; John Woodcock.

Crédits photographiques :
h = haut   b = bas
c = centre   g = gauche   d = droite

Biophotos / H. Angel 60 d, 63 bd, 131 bd / B. Rogers 118 b ; Duncan Brown 90 bg ; J. Allan Cash Ltd. 69 b, 79 c, 83 bd ; Bruce Coleman Ltd. / P. Clement 66 cd / E. Crichton 15 d, 88 / 89 bc / G. Cubitt 104 bg / J. Dermid 71 d / F. Erize 110 b / H. Flygare 128 / 129 b / Jeff Foott Productions 39 bd / L. C. Marigo 96 bg / Dr. E. Pott 21 hd / A. Price 107 hd / H. Reinhard 45 bd, 74 cd / J. Rydell 50 c l/ J. Shaw 46 cg, 47 h, 48 / 49 ; 58 / 59, 115 bd / G. Ziesler 103 hg / C. Züber 42 bg ; James Davis Worldwide 47 b, 108 / 109 ; Mary Evans Picture Library 52 hd, 54 hg, 57 hg, 63 hg, 80 hg, 84 hg, 121 hd, 122 hd, 133 hd ; Forest Light / A. Watson 97 cg, 105 d ; Frank Lane Picture Agency / L. Batten 64 hg / B. Borrell 80 / 81 c / P. Dean 72 cg / J. Finch 106 b / E. & D. Hosking 17 d, 85 d, 114 cg, 117 bd / G. Moon 20 bg / M. Newman 13 d / F. Pölking 30 cg / Silvestris 33 bd, 84 d, 120 / 121 bc / M. J. Thomas 12 / 13 c / R. Wilmshurst 16 bg / W. Wisniewski 52 / 53 b ; Neil Holmes 14 bg ; The Image Bank 51 b, 90 hg / J. W. Banagan 86 / 87 b ; Natural History Photographic Agency / S. Dalton 20 / 21 c, 40 bd ; Oxford Scientific Films Ltd. / T. Shepherd 77 r ; Premaphotos Wildlife / K. G. Preston-Mafham 101 hg, 107 bc, 113 hg ; Robert Harding Picture Library / M. F. Chillmaid AFAEP Photographer 10 / 11 / J. Green 132 bg / G. Hellier 89 hd, 91 bd ; Harry Smith Collection 90 d, 101 hd, 133 hg ; Tony Stone Images / C. Condina 126 hd / R. Everts 127 bg / K. Miller 57 d / B. Parsley 47 cd, 92 / 93 / M. Mehlig 46 b, 124 / 125 ; ZEFA (UK) / R. Duchaine 134 / 135 / F. Park 112 b.

Pour la version française :
Traduction :
Christiane Crespin

Conseiller scientifique :
Michèle Lamontagne

Adaptation :
Octavo Editions

avec la participation
de Sophie Marchand